AYER SOÑÉ CON

Azcárate, Paz
    Ayer soñé con Taylor / Paz Azcárate ; José Bellas. - 1a ed. -
Ciudad Autónoma de Buenos Aires : Planeta, 2023.
    152 p. ; 20 x 14 cm.

    ISBN 978-950-49-8414-6

    1. Música. I. Bellas, José. II. Título.
    CDD 808.883

© 2023, José Bellas y Paz Azcárate

Idea: José Bellas
Producción: Paz Azcárate

Textos: Paz Azcárate, Carmen Sánchez Viamonte, Tamara Tenenbaum

Ilustraciones:
Isabel Aquino / @theisabelaquino (páginas 47, 79, 119, 129)
Lu García Arango / @luliga (páginas 38, 54, 72, 87, 144)
Paula Giannangeli / @paulagiannangeli (páginas 32, 68, 96, 108, 1136)

Gracias a todxs lxs swifties soñadorxs.
Friendship Bracelets for everyone!

© 2023, Grupo Editorial Planeta S.A.I.C.
Publicado bajo el sello Planeta®
Av. Independencia 1682, C1100ABQ, C.A.B.A.
www.editorialplaneta.com.ar

1ª edición: octubre de 2023
3.000 ejemplares

ISBN 978-950-49-8414-6

Impreso en Triñanes,
Charlone 971, Avellaneda,
en el mes de septiembre de 2023

Impreso en la Argentina / *Printed in Argentina*
Queda hecho el depósito que previene la ley 11.723

AYER SOÑÉ CON

Visiones, ensoñaciones
y fantasías swifties

SUMARIO

SOLO TENGO QUE HACER UN DISCO MEJOR

Tamara Tenenbaum

A mí me gusta Taylor Swift porque me gusta el siglo XX. Lo descubrí hace poco, no sin cierta zozobra. Siempre pensé que tenía un temperamento abierto y orientado hacia el abrazo de lo nuevo. De hecho, mucha gente probablemente piensa que gustar de Taylor Swift es una muestra de eso, de estar dispuesta a abordar lo nuevo; pero no, es esto que digo, otra prueba de amor al siglo que nos negamos a abandonar.

Me conmueve más el talento que el carisma. No sirvo para la gente que no hace nada, ni para la gente cuya supuesta especialidad es tener onda, vestirse de una manera determinada. No sirvo para los youtubers ni para los influencers. Hace poco una amiga me hablaba de otra chica (que salía, por supuesto, con un chico que a ella le gustaba, un tropo muy de Taylor Swift antes del giro feminista) y me decía que claro, que cómo no van a gustar de ella los muchachos, con lo cool que es ella. Sabía de quién hablaba, y me indigné: ¿qué va a tener de cool una chica que no es artista, ni dirigente, ni arquitecta, una chica que no hace nada? ¿Por la ropa que usa? ¿Por cómo sale en las fotos? No tengo paciencia para este tiempo. Tampoco la tengo para la gente que hace algo pero no tiene interés en ser la mejor: lo lamento. Me deprimen los traperos cuando hablan de que son todos amigos como si eso me tuviera que importar, que lo bueno de la escena es que se adoran como la familia Ingalls. Qué me importa si son todos amigos. Por mí que se quieran o que se quieran matar, me da exactamente igual. A mí lo que me conmueve, ya lo dije, es el talento. El talento y las canciones.

Taylor Swift tiene talento, y tiene canciones. Es una estrella del siglo XX: su personaje público, en el fondo, no tiene gusto a nada. Jamás podría ser, como Rihanna, un ícono pop que en algún momento simplemente dejó de sacar música, porque no tiene momentos emblemáticos en redes sociales, pongamos, ni es rápida para tirar frases ingeniosas u originar memes; lo único que la salva, como a muchas divas del siglo XX que en el fondo debían ser personas aburridísimas, es el halo de misterio que arma manteniéndose escondida. Taylor no es graciosa, ni carismática. No es una chica con la que me interese, por ejemplo, comer. En el documental *Miss Americana* (2020), de Lana Wilson, se nota bastante que Taylor no tiene gracia. Lo único que realmente le interesa es hacer música: mi momento favorito, por lejos, es cuando se entera de que no la nominaron para el Grammy por su disco *Reputation*: "I just need to make a better record", dice Taylor, preocupada pero en eje. Solo tengo que hacer un disco mejor. La gente la consuela. Yo sonrío: me gusta que Taylor crea en la objetividad de lo bueno, en que hay discos indiscutiblemente mejores que otros y que esos son los discos que reciben premios. Nadie cree en esas cosas en el siglo XXI. Solo ella.

No me interesa para nada comer con Taylor, ya lo he dicho; no tiene buenas anécdotas, no parece que le guste coger lo suficiente como para que me den ganas de escuchar sus historias, ni que sobre algún otro tema tenga algún deseo u opinión que podamos compartir. Sí me gustaría, en cambio, estar con ella en un estudio de grabación. Algo de esa magia en crudo se ve en el documental, pero la evidencia más grande está, por supuesto, en su obra: por más que tenga a los mejores productores y compositores de la escena a su servicio (tampoco hace falta negarlo: no es Joni Mitchell), Taylor Swift es Taylor Swift, porque si Jack Antonoff pudiera inventar otra Taylor Swift, ya lo habría hecho. Taylor ha probado sonidos relativamente diversos dentro del espectro de lo popular, desde el country de sus comienzos (que haya salido de una tradición tan fundamentalmente conservadora como esta es, probablemente, el secreto de su éxito: no importa cuánto lo intente, Taylor es una chica que para hacer música tuvo que aprender a tocar la guitarra, no va a ser nunca una cantante salida de Tik Tok) hasta el pop más puro de 1989, pasando por los temas bailables, las baladas y llegando a esta especie de *adult contemporary* para treintañeras nostálgicas de unos años noventa que casi no recordamos que inauguró en *evermore*. Sus canciones se volvieron más sofisticadas y refinadas con el tiempo, y por eso muchas que la conocemos de siempre pero no la veníamos siguiendo empezamos a escucharla con más atención (personalmente, además, le respeto mucho que no haya tenido ningún coqueteo con los géneros urbanos: estamos hablando, tal vez, de la única estrella pop masiva de la actualidad que jamás ha intentado ser negra, ni por cuatro compases; ni Lana del Rey se salva de eso).

Taylor ha crecido, ha aprendido y ha mejorado, pero en un sentido importante, como siempre pasa con la gente que además de trabajo y disciplina tiene talento puro, todo estaba ya en su primer hit, "Our Song", una canción que escribió para un show de talentos cuando ella y todo el resto de la clase 89 estábamos todavía en el colegio. Es un tema plenamente country, con banjo y armonía a tres voces en el estribillo, pero ya tiene esa redondez de una melodía precisa e infalible que no tiene ni una nota que no sea la que debe ser, ese fraseo que en la estrofa sigue sobre todo un ritmo de lo hablado como para que la centralidad de la letra quede clara desde el principio, ese tono íntimo y a la vez un poquito genérico que es el mix perfecto de Taylor Swift, la chica que siente todo con mucha intensidad pero no siente nada que no hayas sentido vos también, nada demasiado original. Es esa mezcla de oído y modestia lo que le permite hacer crecer una identidad yendo de sonido en sonido, de color en color, de era en era, como dicen sus fans; melodías que nunca se pasan de listas y en cambio avanzan a paso firme sobre los recursos que Taylor va incorporando con los años; melodías, además, suficientemente cristalinas como para no hacerle sombra a la textualidad de Taylor, que no arma su persona pública en Internet, como los chicos del siglo XXI, sino que sobre todo construye su yo poético, un yo que habla en sus canciones mucho más que en sus entrevistas. Un yo que crece con su audiencia, que acompaña lo que sabemos de sus amantes (pero otra vez, más como en el siglo XX que como en el XXI, más como seguimos las historias de amor de Fito Páez a través de sus discos y sus etapas emotivas que como seguimos las de Olivia Rodrigo), pero que antes que contar la historia específica de Taylor lo que hace es ir escribiendo una gramática emocional para estas chicas que como yo, como ella, no saben bien en qué época viven, y por eso aman como en las novelas de antes, pero en el fondo no se bancan lo que viene con eso; así nos va, supongo.

Nunca soñé con Taylor, ni creo que lo haga, pero me gusta su manera de soñar, me identifico con ella. Fernando Pessoa escribió que tenía dentro de sí todos los sueños del mundo; Taylor, y en eso es que me representa, es del tipo de gente que solo tiene un sueño, más de la escuela de Oscar Wilde, que decía que el castigo de los soñadores que encuentran el camino solo a la luz de la luna es que ven el amanecer antes que el resto. Taylor todavía no tiene marido, y eso en Hollywood a los casi 34 es bastante grave; diría, igual, que lo de verlo antes que el resto por ahora le viene saliendo bastante bien.

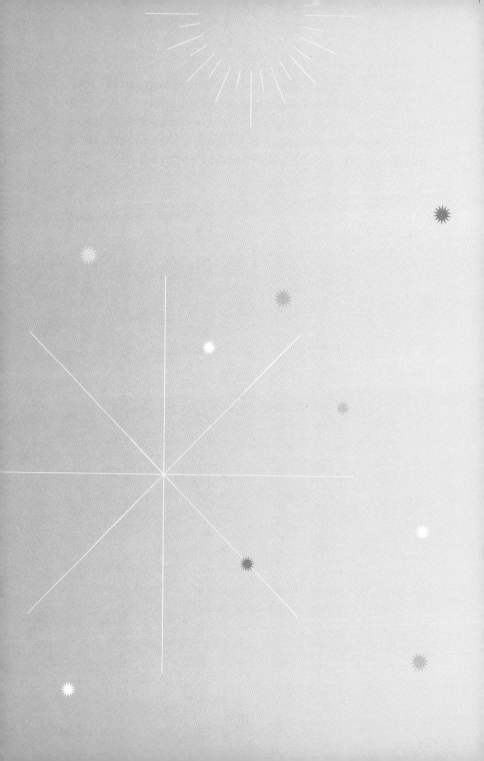

"TAYLOR HIZO POR NOSOTRAS COSAS QUE ELLA NI SE IMAGINA"

El folklore swiftie: fiestas, rituales y peregrinaciones

Paz Azcárate

Desafiaron a la fila virtual armando equipos de personas que se conectaron durante más de diez horas y consiguieron tickets, orquestaron una logística exigente entre más de 100 personas para cuidar un campamento que deberá durar 150 días, pero aún no lograron resolver un tema central de su nueva forma de vida: cómo mantener el colchón libre de humedad. En eso está el campamento swiftie en las inmediaciones de la cancha de River, un sábado a la tarde del invierno porteño. Tres chicas de unos veinte años sacan el colchón de la carpa, lo sacuden, lo apoyan contra las rejas del estadio más grande de Sudamérica y comentan con preocupación el pronóstico de los próximos días (no es bueno, volverá a llover).

En un rincón de ese acampe, Camila (18) está fumando un cigarrillo, envuelta en un canguro blanco de *Walls* (también por Louis Tomlinson algunas de estas chicas acamparon en marzo de 2022), a la espera de que un par de piezas se acomoden y se habilite el almuerzo alrededor de las cuatro de la tarde. ¿No es demasiada anticipación para instalarse en las puertas de un estadio? Quizás sí. Especialmente para Camila, que de todos modos compró un pase VIP que le permitirá entrar tres horas antes que el resto del público. ¿No temen que el show se cancele? Definitivamente. Este y otros miedos similares aparecen con bastante recurrencia en sus sueños. ¿Qué las valida, efectivamente, como las primeras en la fila? Absolutamente nada. ¿Entonces vale la pena acampar todo este tiempo para poder estar al borde del escenario que va a pisar Taylor Swift cuando The Eras Tour llegue a Buenos Aires? "Taylor hizo cosas por nosotras que ella no se imagina", dice Camila. "Dormir en una carpa cinco meses no es nada en comparación".

El campamento en las puertas del estadio de River empezó el martes 6 de junio, cuando las entradas para las tres fechas de Taylor Swift en Buenos Aires salieron a la venta. Camila, que nunca antes había dormido en una carpa a la intemperie, preguntó en Twitter si alguien podía prestarle una. Le respondieron que la organización de ese acampe ya estaba en curso y la sumaron a un chat de WhatsApp. Desde ese momento, el grupo llamó la atención de algunos empleados de seguridad de River, que informalmente las tienen en su radar y que de manera ocasional pasan a preguntar cómo están. También llamaron la atención de los vecinos de Núñez. A pocas horas de que comenzara ese acampe, llegaron móviles de radio, televisión y canales de *streaming*, que para Camila tenían menos preguntas que certezas sobre lo que editorializaron como "la fiebre swiftie". Aparecían en cualquier momento del día con la cámara directamente prendida. Les preguntaban si trabajaban, si no deberían estar estudiando, a quién iban a votar en las próximas elecciones. Montaban su imagen sobre zócalos irónicos y comentaban con sorna su decisión de acampar para estar más cerca de la artista que idolatran. Por eso, el grupo decidió no dar más notas y volverse hermético sobre sus actividades. Y por eso, también, Camila pide aparecer con otro nombre en este libro.

Esta peregrinación que no se traslada, tampoco improvisa. Cada una de las carpas tiene una fila de 50 personas que se organizan en turnos para quedarse en River. Es una presencia voluntaria, aunque hay que cubrir al menos 17 horas al mes que se van registrando en una planilla. En los primeros 30 días, Camila lleva sumadas unas 40. Cuando llegue el día del show, la fila se organizará de acuerdo con la cantidad de horas que cada persona acumuló: quien más horas tenga, más cerca estará de la valla que separa al público del escenario. Hay un grupo de WhatsApp para ofrecerse a cubrir turnos y otro para cuestiones de mantenimiento y limpieza. Para pasar la noche en la puerta del estadio, intentan que haya al menos tres personas porque la idea es que las carpas nunca queden solas. Esto tiene que ver con cuidar las pertenencias de las acampantes, pero también con el hecho de que, pocos días después de que ellas se instalaran en el lugar, un hombre puso otra carpa junto a la de ellas. Él no quiso dar explicaciones y su presencia, en principio, las puso en alerta, pero con el paso de los días empezaron a pensar que es posible que esté intentando guardar un lugar en la fila para vendérselo a otros fanáticos más cerca de la fecha del show. En cualquier caso, la presencia de este desconocido cerca de sus carpas generó, en principio, una sensación de alerta. Si bien son intransigentes con la regla de ser al menos tres personas, la logística no siempre funciona como se plantea. Esto falló, de hecho, una noche que le tocó hacer guardia a Camila.

Ya estaba camino al Monumental desde su casa en Quilmes. Había tomado el primer colectivo y el tren. Cuando esperaba para encarar la tercera parte del viaje hacia la cancha, una de sus compañeras se bajó de la guardia. Mucho más tarde, ya de noche, se dio cuenta de que la segunda nunca iba a aparecer. Al principio intentó distraerse. Leyó para las dos materias que le quedaron pendientes en el último año de la escuela. Más tarde se puso nerviosa, tenía miedo. Empezó a jugar jueguitos en el celular hasta que la batería del teléfono la abandonó. Cruzó a la estación de servicio que está justo en la esquina. Usó el baño, cargó el celular y volvió. No pegó un ojo en toda la noche, pero se agarró de esa premisa compartida en el mundo swiftie que dice que para cada momento de la vida hay una canción de Taylor y pensó que la de este momento podía ser "The Archer". La mamá de Camila nunca se enteró de que su hija de 18 años pasó la noche sola en una vereda de Núñez.

"Es una de las tres cosas que me puso como condición cuando le dije que iba a acampar a River, que siempre esté acompañada", dice. Las otras dos que negoció: colaborar con las tareas de la casa y rendir las dos materias que debe de la escuela —después de haberse quedado libre en 2022, como parte de un cuadro de salud que la tenía desmotivada y con fobia social— para estudiar Psicología en la Universidad de La Plata en 2024. Al margen de las negociaciones, Camila dice que su mamá es, de todas las personas que no son swifties, la que mejor entiende su fanatismo. "Siempre me habla de cómo, cuando era chica, se sentaba a bancar que en la radio pusieran Green Day", dice. "Podía estar horas esperando". Camila y su mamá tienen la complicidad y la autocrítica generacional suficiente como para reírse de la manera en la que una podía sentarse a esperar un largo rato hasta escuchar la voz de Billie Joe Armstrong en un aparato, mientras la otra paga más para esperar menos. Aunque, hay que decirlo, tiene el temple suficiente para invertir cinco meses de energía en un show que durará poco más de tres horas.

Camila sueña mucho con ese show. Sueña, sobre todo, que se lo pierde. Que entra al Monumental y que ya terminó, que todos se fueron. Que llega el día equivocado o que la fecha se cancela. Otras veces sueña que va con su exnovia a verlo, pero que no es realmente el Monumental, sino el patio de su colegio. Esta sensación de cercanía, de llevar a su ídola a situaciones mundanas, es frecuente en los sueños que recopila este libro. Quizás por eso, en muchos relatos, Taylor habla español con acento argentino o directamente tiene la cadencia cordobesa de la adolescente que la sueña. Por eso Taylor puede aparecer en un sueño que transcurre en la cancha de Instituto Atlético Central Córdoba, caminar por un pueblito de Tucumán como si fuera una vecina más o tener una cita con un militante en una unidad básica. Todos estos sueños parecen decir: Taylor *sí* me entiende.

¿Pero qué es lo que entiende Taylor? Para cada quien es algo distinto. A Camila le llamó particularmente la atención la forma en la que Taylor puede abrirse sobre sus inseguridades. "Ella cuenta en sus letras y mejor que nadie, con mucha claridad, lo que le puede pasar a una chica cuando se mira en el espejo o en una foto, incluso siendo ella, luciendo como ella", dice. Si esta sensibilidad, bien conectada con la de una o dos generaciones de chicas de alrededor de todo el mundo la hace sobresalir como cantautora, su historia personal sea quizás el *rayo swiftificador* final. Haber sido testigos de cómo Taylor convirtió las agresiones de Kanye West en uno de sus mejores álbumes, superó sus trastornos alimenticios y sorteó las restricciones sobre los derechos de autor de sus canciones regrabándolas resultó una parte importante, no solo de la masividad que encontró tras la salida de *folklore* (2020), pero también de cierta intimidad que construyó con sus seguidores.

La salida de *folklore* tuvo pocos meses de diferencia con el estreno de *Miss Americana*, el documental en el que Taylor cuenta el detrás de escena de muchas de esas situaciones que le tocaron vivir. Ambos salieron en 2020, a pocos meses de que comenzara la pandemia, que para muchos miembros del universo swiftie no fue un detalle menor en la forma en que se consolidó el vínculo no solo entre Taylor y sus fans, sino también entre quienes forman parte de la comunidad de seguidores.

Julieta Mac-Tier (23) es una de las organizadoras de la Taylor Fest en Ciudad de Buenos Aires. 2020 también fue el año en que ella se acercó a la obra y la figura de Taylor de otra forma. "Fue algo muy progresivo, yo la conocía de verla en Hannah Montana y luego empecé a ver sus videos sin demasiado apego. Con *folklore* cambió todo. Estaba pasando por un montón de cosas en mi vida, entrando en un momento muy difícil", dice. "Escuchar 'this is me trying' se sintió como un abrazo". Coincidir en esas canciones durante la cuarentena construyó además miles de amistades virtuales. Cuando las restricciones empezaron a ceder, en 2021, un grupo de swifties de Rosario se dio cuenta de que había una necesidad en este grupo: la de encontrarse. Ahí empezó la Taylor Fest, importada de Nueva Zelanda, luego de que se cancelara una gira de Taylor por la pandemia. "Si no puede venir, lo hacemos sin ella", fue la lógica con la que la comenzaron. Fue, en parte, un chiste: hacer su show sin ella. Pero también algo lógico: una gran porción del fenómeno Taylor Swift excede a la mismísima Taylor Swift. La ciudad santafesina fue la primera en organizar esta fiesta temática en Argentina, que en general mantiene una consigna (un disco, una determinada etapa) y en la que se proyectan videos suyos o fragmentos de series y películas que bien pueden dialogar con sus letras, como escenas de *Gilmore Girls* o *Grey's Anatomy*. Buenos Aires siguió a Rosario y luego se sumaron Mendoza y Tucumán.

Qué pasa con el sonido o las pantallas quizás sea menos importante que una dinámica particular del público de la Taylor Fest. "Es una fiesta a la que en general van personas que no les gustan los boliches tradicionales, el 80 % son chicas, aunque también vienen muchos pibes. Esa sensación de comunidad que tenemos hace que mucha gente vaya directamente sola a la fiesta y muy rápidamente se integre a otros grupos", explica Julieta, que organiza la edición porteña del evento. "También es un espacio para escuchar las canciones que nos gustan y reaccionar a eso como se nos dé la gana sin miedo a que nos juzguen", dice. La comunidad swiftie tiene claro que esas reacciones, que pueden ser cantar a los gritos, llorar o abrazarse mientras suena la música, no siempre son bien recibidas por quienes no comparten ese sentido de pertenencia. "Para mí es muy curioso cómo se normaliza que un fanático de un club de fútbol llore por el resultado de un partido y me traten de loca o ridícula por emocionarme con una canción", dice Julieta. También saben que este desplazamiento de "Taylor sí me entiende" a "los swifties sí me entienden" se contempla, desde afuera, como el ritual de una religión ajena. Para Julieta esto es sobre todo cierto cuando en cada Taylor Fest suena "Don't Blame Me" y el público, sincronizado, levanta las manos y canta al unísono: "Lord, save me, my drug is my baby". "Cuando estás viéndolo desde el escenario es muy lindo porque sabés que lo estamos sintiendo todos de la misma manera, pero también es gracioso porque parece que estuviéramos rezándole", dice. "Creo que a esta altura no es exagerado pensar que más allá de un gusto por la música compartimos una serie de preocupaciones por temas comunes, como la salud mental, el bienestar emocional, el respeto a los demás. Cuando te empezás a encontrar y charlar y es muy sorprendente darte cuenta que pasamos por las mismas situaciones y sufrimos cosas parecidas".

Guillermina Choua (20), organizadora de la edición tucumana de la fiesta, tiene menos grises al definir el comportamiento de la comunidad swiftie. "¡Re somos una secta! ¡Te lo digo yo que soy parte de ella!", dice riéndose, mientras enumera una serie de situaciones no tan racionales que protagonizó por razones vinculadas a Taylor. La noche previa a esta conversación, incluso, se quedó despierta hasta las cuatro de la mañana porque se rumoreaba que la cantautora haría un anuncio importante. Durmió casi nada. Enterarse a la mañana siguiente no era lo mismo, no se podía perder el vivo ni las reacciones que iba a tener la noticia entre los demás swifties. "Las cosas que yo he hecho por esa mujer son ridículas. Muchas veces reflexiono sobre eso. Sobre lo que hacen mis amigos que no están en lo mismo que yo", dice. "¡Cien por ciento somos una secta!".

Choua descubrió a Taylor en 2019. Ya conocía algunas de sus canciones, pero para un trabajo de la escuela tuvo que analizar un personaje. Había leído algo de la disputa de Taylor por los derechos de su obra y se metió a fondo a conocer y analizar el personaje. "Fue algo medio casual, pero terminé encontrando ese costado picante suyo", cuenta. Además de esa disputa, se interesó por la manera en que Swift exigió en distintos momentos condiciones más justas para artistas, productores e intérpretes. "Ella es multimillonaria, ya no hay casi nada que pueda afectarla económicamente, pero sabe que tiene una voz y que la escuchan y la usa para lo que considera que es justo", dice. Para ella también fue ese clic la salida de *folklore*. Estaba cursando el último año de la escuela y un día fue a clases sin saber que era su último día en el colegio. Unos meses después, todavía en cuarentena, empezó a pensar qué quería hacer al año siguiente. "Fue un año muy difícil y muy introspectivo. No tuvimos viaje de egresados, ninguna de las fiestas de cierre de curso. Teníamos que elegir una carrera y no sabíamos qué carajo hacer con nuestras vidas", repasa. "*folklore* llegó justo, en ese sentido. Necesitábamos llorar y eso hicimos".

Para Guillermina, el éxito global de Taylor no se parece al de otros artistas por dos razones: es auténtica y es concreta. "Lograr ser masivo, en algunos casos es muy fácil, si el artista tiene respaldo correcto. Lo difícil es mantener esa vigencia", dice sobre la carrera de 16 años de Swift. Que Taylor escriba sus propias canciones es, para ella, fundamental en la autenticidad que perciben sus fanáticos y clave en ese efecto de intimidad tan particular que hay entre la cantautora y sus seguidores. Algo más que se desprende de esa persistencia de más de una década tiene que ver con la oportunidad de haber contado experiencias diferentes: Taylor maduró como persona al tiempo que se transformó como autora y por eso hay *Taylor's versions* para chicas que están en la escuela y otras para las que ya fueron a unos cuantos reencuentros de egresados. "Si *Fearless* idealiza el amor y genera escenarios ficticios alrededor de eso, en *Red* hay historias de amores intensos mucho menos tradicionales", dice Guillermina. Como constante de toda su carrera, una característica de su forma de escribir, marcada por lo narrativo, es una parte importante de lo que las acerca a Taylor. "Siempre se plantean situaciones muy mundanas que le podrían pasar a cualquiera. Yo estaba así, vos tenías puesto esto, me acuerdo de tal cosa. Como en "The Moment I Knew": no es descabellado que la persona que te guste no vaya a tu cumpleaños y te deje hecha pelota. Son sensaciones comunes, pero saber que a ella le pasan, que a otras chicas que también la escuchan le pasan, te hace sentir acompañada. No somos una secta, pero sí soy fiel creyente de que las canciones de Taylor lloran con vos, te levantan, te dan la mano y te sacan a bailar".

Hace algún tiempo, compartiendo esta misma idea con una organizadora de la fiesta de Mendoza, coincidieron en que había, en este universo, algo lúdico a la manera en que muchas chicas jugábamos con las muñecas cuando éramos nenas. "Cuando empezás a tener Barbies creás tus historias, tenés los personajes, tenés la música, es como tener una película en la cabeza", dice Choua. "La música de Taylor también tiene algo de esto". Como una continuidad adolescente, juvenil y hasta adulta de esos primeros juegos, seguir la obra de Taylor es seguir un universo que se interconecta y crece. Se arma una casita, se designan personajes y se atraviesan situaciones de todo tipo. Y en el medio de eso que es pura imaginación, aparece otra cosa: algo del orden de la vida real que ahora se puede compartir. Algo en lo que Taylor se vuelve una compañera, una amiga o una hermana mayor que sí te entiende. Esa suerte de amistad platónica aparece por todos lados en este libro. ¿Hay swifties que sueñan que esta relación llega aún más lejos? Algunos relatos de este libro indican que sí, aunque son pocos. Para Guillermina es muy inusual: "Me parece un poco incestuoso".

POR QUÉ HABLAMOS DE DIOS CUANDO HABLAMOS DE TAYLOR SWIFT

Un manifiesto de Carmen Sánchez Viamonte

El sueño de muchas swifties es llegar, de alguna manera, a *ella*. Con este texto no pretendo llegar a Taylor Swift, mas sí pretendo que Taylor Swift llegue a todos aquellos que la necesiten. Que llegue a esas niñas y niños que se sienten solos en la escuela, a las mujeres con el corazón roto por un perejil que les dijo "te amo y te juro que voy a cambiar" y encima después las hizo sentir culpables, que llegue a los chicos que gustan de otros chicos y a las chicas que gustan de otras chicas, a la gente con *champagne problems*, a quienes aman con tanta intensidad que pierden la cabeza, a las depresivas, a las nostálgicas, que llegue a cada persona a la que le hayan hecho sentir que su identidad no encajaba en este mundo, porque la mismísima Taylor lo dijo: "Está mi música para quien quiera escucharla, pero también está el agujero de conejo, sean bienvenidos: acá estamos todos locos".

Es lógico que muchos la consideren una yanqui lavadita y aburrida que canta canciones más o menos parecidas, pero no hay por qué analizarla desde una posición tan cerrada, si bien sabemos que al momento de empaparnos en un relato, no hace falta identificarse con el narrador en sí sino con su narrativa, y vaya que Taylor Swift se preocupó por desplegarla. No son solamente canciones: Taylor Swift construye un universo con infinitas ramificaciones para desarrollar, que trasciende épocas y contextos. Escuchar su discografía es comparable a leer *El Señor de los Anillos*, a ver *Star Wars*, hay una historia plagada de pistas y significados, de hilos conductores y detrás de todo eso está la relación que planteó desde el principio con su *fandom*. Es por eso que sabemos que el color rojo tiene un significado aparte, que si escuchamos "Question…?" identificamos instantáneamente el sample de "Out of the Woods" y encontramos una posible continuación de un relato, que si cantamos "Dear John" y trece años después escuchamos "give me back my girlhood, it was mine first" sabemos de qué estamos hablando. Taylor Swift nos convirtió de alguna forma en su diario íntimo y así nos concedió la más profunda de las amistades. Entendemos a Taylor porque ella nos entiende, y porque la vimos crecer ante nuestros ojos. No son solamente canciones, es su trayectoria: cuando el mundo más la golpeó —simplemente por ser una mujer intentando defenderse—, resurgió de las cenizas al grito de: "¿Dicen que soy mala? Entonces soy la más mala de todas". Su carácter desafiante fue ejemplar en varias ocasiones, porque hay muchas cosas que Taylor Swift hizo solamente porque le dijeron que no podía. Por mujer, por cantante pop, por gringa, por demasiado joven, por demasiado grande, por demasiado tonta, por demasiado trola. Cada bala que quisieron tirarle, ella la detuvo en el tiempo y la convirtió en canción, y es por eso que cada canción la convirtió en un éxito. Taylor Swift aprovechó al máximo el poder catalizador que tiene la música de transformar la mierda en algo hermoso.

Hoy se dice que el único otro fenómeno comparable con las swifties es la beatlemanía, pero no me resulta igual. Lo que genera Taylor no es solo fanatismo, es un sentimiento revolucionario, cuya única arma es la más poderosa de todas: un flechazo directo a lo más profundo, al espíritu, apelando a la sensibilidad humana. Con sus discos creó un espacio a salvo y con su accionar, un ejemplo. En un país en que las superestrellas no acostumbran a meterse en política (y menos si salieron del ámbito Country), ella alzó su voz e invitó a la reflexión, sin miedo a tomar partido en contra de los poderes que amenazaban contra los derechos de las mujeres y del colectivo queer. Taylor tiene, probablemente, el micrófono con más alcance del planeta. Y lo aprovecha, y hace de eso una responsabilidad, hace de eso un puente para construir un mundo mejor. Taylor Swift no es solamente una *mastermind*, es un corazón enorme que tiene la generosidad de repartirse a lo largo y a lo ancho del planeta. Por eso el sentimiento swiftie es comparable a un sentimiento religioso, está fundado en una profunda creencia, en una profunda fe sobre el amor inabarcable que esta mujer nos ha dedicado a lo largo de su vida. Y como resultado, lo único que una verdadera swifie quiere, es que Taylor Swift sea simplemente feliz.

Así que hagan los *friendship bracelets*, tomen este momento y abrácenlo, no hay por qué tener miedo. Bienvenidos y bienvenidas al agujero de conejo: acá estamos todxs locxs.

AYER SOÑÉ CON TAYLOR

100+
VISIONES, ENSOÑACIONES, FANTASÍAS Y DESEOS

"Soñé que me chapaba a Matty Healy", le dije hace unos días a una amiga. "Es la humedad", me respondió. Esto que voy a contar es un sueño sobre Taylor Swift, pero en realidad yo soñé con Matty Healy.

Estaba con algunas amigas. No sé bien qué era el lugar, pero parecía uno de esos clubes exclusivos donde van las celebridades después de una entrega de premios. Efectivamente, en cada dirección a la que miraba, podía ver una cara conocida, o que en el sueño yo sabía que eran famosos. Sin embargo, no lo eran. Había un salón con una especie de sauna en la oscuridad; eran diferentes piletas iluminadas desde adentro y los azulejos eran negros, brillantes. El espacio tenía muchas columnas por todas partes, como si fuera un laberinto, lo que hacía más difícil que la gente se viera entre sí. Aunque esto era una fiesta VIP, el *dress code* era bastante casual y nadie destacaba en la oscuridad, excepto ella. Estaba rodeada de su *girl gang* y con un aura de luz indescriptible a su alrededor. Era imposible no saber que había llegado Taylor Swift a la fiesta. Después de ella, aparecieron otras caras que sí pude reconocer: la de Gigi Hadid, la de Blake Lively y la de Selena Gómez. Lo que más nos sorprendió a todos y todas fue verlo a Joe. ¿Habían vuelto? ¿Taylor y Joe otra vez juntos? El cuchicheo y los murmullos se intensificaron e incluso en ese sótano ruidoso donde la música era indescifrable se podía escuchar cómo todos hablábamos de lo mismo: Taylor y Joe habían vuelto.

Parecía el evento del siglo, el momento que estábamos esperando.

Todo se sentía exclusivo. Las vibras de 1989 estaban en el aire. Mis amigas festejaban y yo me reía cuando giré la cabeza y lo vi pasar. Me rozó el hombro y me clavó los ojos de la manera más intensa que me miraron jamás. "Boluda, es Matty Healy, me está mirando", le digo a Mel. Lo sigo con la mirada mientras cruza al otro lado del sótano. Incrédula de que algo así me estuviera pasando a mí, sin pensarlo demasiado, dejé el grupo y me acerqué a hablarle. Acá es donde todo sucedió muy rápido, pero recuerdo que me presenté y me sonrió. Pasó su mano alrededor de mi hombro y me corrió el pelo de la cara para darme un beso. Sentí cómo me ponía colorada, el calor del lugar y el humo me estaban mareando un poco (¿o quizás era la fascinación con el momento, la realización del sueño adolescente con el chico —no tan— malo de la banda y el mejor beso que me habían dado en mucho tiempo?). Había algo en Matty completamente magnetizante, que me hacía olvidar que estábamos ahí, en un lugar público, dándonos besos contra una pared como si nadie estuviera mirando.

Unos minutos después de eso, Taylor se acercaba a saludarnos mientras ella abrazaba a Joe. Tay me hablaba como si fuéramos amigas de toda la vida y me pedía que la acompañe al baño. Elogié su labial rojo, que le quedaba perfecto con las flores del vestido celeste que estaba usando. Se había puesto la campera de cuero de Joe: esa famosa campera de cuero que todos vimos en las fotos de la fiesta secreta después de los Grammy.

CAMILA MIRABAL
27 años
@camimirabal

Estoy con Taylor en un show de los Jonas Brothers en West Palm Beach. Nos damos la mano. Es un recital al que fui con mi hermana cuando las dos éramos muy chiquitas y que esta vez me toca ver desde el lado derecho del escenario. A Taylor se le achinan los ojos cuando Joe hace alguna estupidez sobre el escenario, como acercarse mucho al micrófono y revolverse el pelo. Yo suspiro cada vez que Nick me mira con los cachetes rojos de rosácea. Le aprieto la mano fuerte a Tay como diciéndole "me derrito". Cantan "When You Look Me In The Eyes", Joe y Nick nos miran respectivamente a los ojos. Taylor me abraza y llora un poco entre mi pecho y mi hombro.

Joe llama a Taylor al escenario. La presenta así: "Give it up for the love of my life, Taylor Swift", y empiezan los primeros acordes de "Should've Said No". Taylor me mira, me hace gestos con la mano para que también me suba al escenario y yo obedezco. Nick me pasa su micrófono. Taylor y yo cantamos juntas por primera vez.

Ahora aparecemos en un típico *dinner* americano. Taylor y yo hablamos en un idioma que no existe y nadie más entiende nada. Los Jonas Brothers están con nosotros y hablan entre ellos. "Matamos hoy, ¿viste a la que lloró en la tercera fila?", le dice Joe a Nick. "Siempre llora alguna", me susurra Taylor. "Nosotras también lloramos", le digo. Nos reímos. Nick quiere saber qué nos causa tanta gracia, pero no le contamos. Taylor le pregunta a Jose cómo se siente. "I'm perfectly fine", responde él. Me despierto.

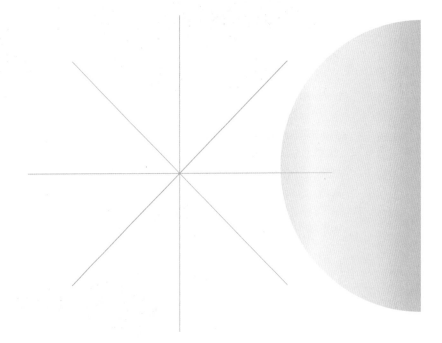

Estábamos en plena pandemia. Veníamos de un largo tiempo sin muchas novedades suyas, que llenábamos volviendo a ver su documental, *Miss Americana*. Sabíamos que pronto llegaría su álbum, era inminente. Una noche de julio de ese 2020, soñé que estaba en mi habitación, ordenando mi ropa y mis cosas. En ese momento, me llega la notificación de que ella había publicado algo en Twitter: anunciaba un nuevo álbum. Fue uno de esos sueños que parecen durar dos segundos pero que te sacuden como si fueran escenas reales.

Estaba en un departamento desconocido, cocinando. En un momento escucho voces atrás mío. Entonces me doy vuelta y había un grupo de personas que, aparentemente, en el sueño, conocía. Estaban hablando de Taylor y de un concierto próximo que iba a dar en la ciudad esa misma noche y al que todos íbamos a ir.

Aparecíamos en un bosque demasiado lindo. Era de noche, había muy poca gente y el lugar estaba decorado con luces. También había unas especies de luciérnagas. Taylor estaba sentada en un árbol cuando empezó a cantar. En un momento, sin interrumpir la canción, empezó a bajar del árbol. Cuando llegó al suelo, empezó a bailar y cada vez se metía más adentro del bosque. Yo la seguía, pero en un momento llegué a perderla de vista. Después de buscarla un ratito, la encuentro ahí sentada en el medio de la nada. Por alguna razón, yo no me podía acercar, me había quedado paralizada. Ella en ningún momento dejaba de cantar. Cuando terminó la canción, me miró y me dijo que todo iba a estar bien y que confiaba en mí.

BÁRBARA LEONETTI

24 años

@barbileonetti

L a noche que conseguí las entradas para su show del 9 de noviembre en Buenos Aires soñé con ella. Entre la confirmación de su show y la compra de mi entrada había pasado uno de los días de mayor exaltación del último tiempo. Solo pensaba en eso: sectores de River, mi compañía ese día, la posibilidad de no conseguir un ticket.

En el sueño, estaba con mi hermana Mimí y mis papás, a punto de registrarnos en un hotel para pasar nuestras vacaciones. Mientras nuestros padres hacían el check-in, Mimí y yo nos fuimos al hall. Nos quedamos hablando del chico que le gusta y por el que está sufriendo un poco.

De un momento a otro, en uno de los sillones que estaban enfrente, aparece Taylor. Se sienta, nos cuenta que también está registrándose en ese hotel. Las tres actuamos con la naturalidad de un grupo de amigas que se conoce desde siempre. Volvemos a hablar de los problemas de Mimí. Taylor interviene, opina y aconseja. No recuerdo el contenido de ese diálogo, solo que nos parecían muy buenos consejos.

Iba caminando por la ciudad en hora pico. Entre la gente, aparece ella. Tenía un look muy acorde a su *1989* era: pelo carré, pollera acampanada blanca y top en silueta de corazón color lila. Obvio, tenía los labios pintados de rojo. La veo acercarse a mí, me frena y me dirige la palabra. Quiere saber dónde hay un refugio en el que pueda adoptar un perro. Esa secuencia termina ahí. En la que sigue, estoy en su casa, que es un rancho. Y está llena de perros. Curiosamente, no está ninguno de sus gatos.

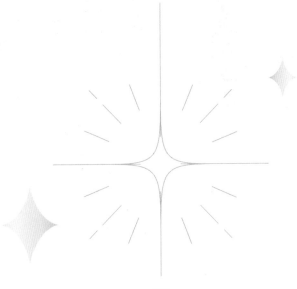

VICTORIA

31 años

@capechuffita

El penthouse de la calle Cornelia está que explota de gente. Son muchas las habitaciones y variadas las celebridades, pero la atención de todos está en las mesas con comida. La mía, en cambio, está en irme a casa porque ya son las 10 de la noche, tengo treinta años y mucho sueño. Estoy buscando la salida cuando la encuentro a Taylor. Toda regia, con su pelo recogido y un vestido con brillos. Está despidiendo a los invitados de manera personal. Cuando me ve, me abraza, me agradece por venir, me da un beso y me pone algo en el puño de una mano. Ella vuelve a la fiesta y yo me voy. Me miro la mano y tengo una bolsita con un pincel y maquillaje de colores lila y dorado. Es un set con forma de cola de sirena y un pincel de su colección personal. Por alguna razón, sé en el sueño, que ella misma lo usó esa noche. Me voy feliz de confirmar que Taylor Swift acostumbra a dar bolsitas de regalo en los cumpleaños.

ORIANA SOFÍA BRUNO
30 años
@orianasb

Es noviembre en Buenos Aires y está por empezar la primera fecha del Eras Tour. Salgo de la cama, subo las persianas y pongo *folklore* en la tele. Se acerca la tarde y me encuentro con mi amiga, con quien voy a ir al recital. Las horas pasan, estamos cada vez más ansiosas y yo empiezo a grabar todo con el celular. Llegamos al recital y comienza la cuenta regresiva con la que empiezan todos sus shows. Me pongo a llorar mientras me tapo los ojos. Mi amiga hace lo mismo. Cuando sale Taylor, lloramos más fuerte todavía. Cantamos y gritamos tanto, que después de varias canciones intentamos seguir cantando pero ya no nos sale la voz. De repente aparece Andrea, la mamá de Taylor. Me mira y me elige para el bloque de *Red*. Me veo desde afuera subiendo al escenario y recibiendo el sombrero de las manos de Taylor. No puedo hacer nada más que decir "te amo" y llorar. La escena termina ahí. Ahora estamos en mi casa: Taylor, Andrea y yo. Es de noche. Les ofrezco vino y aceptan. Empezamos a tomar y a bailar "You Belong With Me" las tres juntas. Vamos al balcón, cada vez cantamos más fuerte, pero ningún vecino se queja y a nadie le llama la atención ver a Taylor Swift en un piso 6 de un departamento de Caballito. Nos vamos al sillón y ella se pone a jugar con mis gatos. Le causan gracia los nombres, Malbec y Ginebra. De la nada, saca un sobre. Tiene un pasaje de avión para el próximo destino del Eras Tour y una entrada VIP para que la vuelva a ver.

Taylor estaba justo enfrente de mí. No era una situación del tipo *meet & greet*. Estábamos solas, mirándonos a los ojos. Yo le sostenía las manos y le decía todo lo que significa para mí. Le contaba cómo ella y su arte estuvieron conmigo siempre, le hablaba del típico "tuve un mal día y escuchar tu música me hizo feliz" o "me sentí entendida cuando me rompieron el corazón". Pero más que nada le relataba puntualmente en el peor momento de mi vida, cuando mi persona más importante pasó por una situación de salud delicada, yo escuchaba "Soon You'll Get Better", "The Great War" y "Never Grow Up" dos veces por día, como si fuera una oración religiosa. Había estado pidiendo por la recuperación de esa persona y por suerte funcionó. Le decía que mucha gente juró que iba a estar a mi lado siempre, pero que en ese infierno por el que pasé no estuvieron. Ella, le explicaba yo, de alguna forma me acompañó y me ayudó a sentirme menos sola en los momentos en que más sufrí.

MILAGROS AMONDARAY
40 años
@milyyorke

Soñé que la entrevistaba y podíamos hablar de su compromiso con la gente que la sigue y su ética laboral. Taylor es una persona que supo manejarse en la industria, en parte porque tuvo unos padres que no la explotaron como a otras figuras. Es una persona muy plantada y muy segura de sí misma y de cada paso que da, además de ser extremadamente prolífica. En el sueño hablábamos de toda esa parte menos conocida de ella porque, su costado más "indie", es un aspecto que me da mucha curiosidad. Por eso en ese sueño hablábamos de sus referentes literarios y cinematográficos.

Conversábamos sobre la novela *Conversations with Friends*, de Sally Rooney, que se adaptó al cine y en la que trabajó el ex de Taylor, Joe Alwyn. En el sueño le comento algo que me quedó picando de la lectura del libro. En un momento, digamos en la cuarta página del libro, una de las protagonistas dice "fuck the patriarchy", que es una frase que aparece en "All Too Well", la versión de 10 minutos de Taylor que sacó en Red, con el relanzamiento, y que está en el llavero que aparece en el video de esa misma canción.

En el sueño le preguntaba mucho por la influencia que recibió de otros artistas que exponen temas como la depresión, la crisis a cierta edad, la forma de vincularse con otros. Todos temas que están muy presentes en su disco *Midnights* (igual que en la obra de Rooney). También charlábamos sobre su alianza con Aaron Dessner, y sobre cómo había nacido su admiración por The National, banda con la que terminó colaborando. Luego, le preguntaba qué directores le atraen, con cuáles le gustaría trabajar. Después hablábamos de cuestiones más personales, sobre cómo es ser mujer en la industria de la música, y sobre su red de contención trabajando en un entorno que ejerce muchísima presión sobre ella. No recuerdo todas sus respuestas, pero sí mi última pregunta. Ella tenía que irse, pero antes quise saber en qué cosas trabaja para poder mantenerse siempre en eje.

Soñé que había perdido a mi gata y que era Taylor quien la encontraba. Cuando se acerca para dármela, nos ponemos a hablar. Le cuento de un chico que me había roto el corazón y en lugar de decirme algo, se pone a cantar "All Too Well". Lloro un poco. Termina la canción y nos abrazamos. Le propongo salir, para que conozca Buenos Aires. Entramos a un bar y empieza a sonar un remix de "Enchanted", pero ella no dice nada, como si no fuera un tema suyo.

ANA MERCADO
21 años
@anitamercdo

E n mis sueños tengo conversaciones con Taylor. Siempre con la sensación de que cada palabra que pronuncio es entendida por ella exactamente de la manera en la que la estoy usando. El contenido de las charlas de esos sueños cambia de acuerdo a lo que me esté pasando en esos días. A veces, también, conversamos sobre cuestiones de su vida personal, de su música o de sus videos. En un sueño en particular, recuerdo, hablamos sobre ese jardín en el que grabó el documental de *folklore* y le propongo trabajar juntas, hacerla protagonista del elenco de una película mía.

MERCEDES DVORKIN
25 años

@mechidvorkin

Soñé que íbamos a ver a Taylor con mis amigas. Estábamos listas y ansiosas, pero no sabíamos bien dónde era el show. Recorrimos muchos lugares en una ciudad que era Buenos Aires, pero que no lucía como tal. A medida que pasaba el tiempo, empezábamos a desesperarnos cada vez más por el temor a perdernos una parte del set. A cada lugar al que llegábamos nos decían que ella había estado ahí, pero que se había ido porque no le gustaba el espacio para tocar o simplemente nos comunicaban que ese no era el lugar que estábamos buscando. Así entramos a varios *venues* y recorrimos varios estadios. Tenía la sensación de haber caminado por horas y todas estábamos agotadas. Finalmente, encontramos el lugar después de varios intentos. Me desperté antes de que el show empezara.

BOOK CLUB

MERCEDES SPINOSA

35 años

@merspinosa

Soñé que se me cuestionaba cómo había empezado todo. "¿De dónde viene tanto amor?", me preguntó una amiga durante un sueño. Se lo expliqué. Fue en pandemia, con los primeros acordes y ese "I'm doing good, I'm on some new shit". *folklore* en *repeat,* para un invierno gris y en casa. "Persist and resist". En menos de cuatro meses, ¡pum!: *Evermore.* "Crestfallen". Fue caer en un *rabbit hole* eterno con contenido infinito y sumergirme en un mundo de relatos femeninos, de mística, corazones rotos, amistades, superación, enojo, rencores, orgullo, bronca, *glitter pens.* Pero también de *fountain pens* y, por supuesto, de *quill pens.* Canciones de 10 minutos. Le hablé de la importancia del 13. De las 13 versiones de noches en vela, y de cómo descubrí que el karma es real. De sentirse de 22, y bailar al son de "Lover". De la importancia de encontrarte en una comunidad. Hablé del *soundtrack* de Argentina campeón y de flotar en una cadencia mágica de *sprinklers splashes, fireplace ashes* y papelitos albicelestes.

Taylor es, para muchas, la artista junto a la que crecieron desde la niñez/pubertad/adolescencia, donde todo es urgente y grave. Qué envidia. Después de los 30, encontrar un sentimiento pasional, una obsesión, un monotema simple y que te llene, algo que no tenga que ver con excels, plazos, mails o facturas a pagar es casi un *wonderstruck*. Eso representa para mí: aprender a conectar con emociones pero desde la adultez, con una intensidad bien popera, con *friendship bracelets*, sin solemnidad pero con profundidad, con una copita de Chardo y un *streaming* en TikTok.

◇

AILEN CAPALBO
23 años
@vigilantesh1t

levo soñando con Taylor la mitad de mi vida. La mayoría de los sueños ocurren en locaciones que frecuento. En general, las situaciones que pasan no me sorprenden tanto y a los pocos días olvido qué fue lo que soñé. Pero uno de los sueños me marcó de una manera irreversible.

Fue hace unos años, en plena pandemia. No estaba pasando por mi mejor momento y una noche me quedé llorando en mi cama hasta que me dormí. Taylor apareció en mis sueños y me abrazó como si me conociera desde siempre. Había música en el sueño: sonaba "Clean", una de las canciones más importantes para mí. Había una energía muy amorosa, que me cargó de fuerza. No pasaba nada más, fue solo ese abrazo. Sé que puede sonar a una locura que un sueño logre cambiar algo en uno, pero a mí ese sueño me hizo sentir acompañada.

CRUZ AINCHIL
27 años
@cruzainchil

Soñé que grababa un álbum con Taylor. Pasábamos muchas noches eternas en el piso de su casa. Afuera hacía un poco de frío. Adentro, tomábamos café, tocábamos la guitarra, escribíamos ideas a mano en un cuaderno. El sueño, en general, era feliz, pero había momentos de estrés y de cansancio. Discutimos sobre metáforas para hablar del amor y el desamor, pensamos y corregimos cada rima juntas. Era divertido, pero agotador. Después de varios días de trabajo nos sentamos a decidir el orden en que las canciones iban a aparecer en el disco, cómo iba a ser la tapa, debatimos cada detalle y nos rompimos la cabeza para que los *Easter Eggs* queden bien escondidos.

SOFÍA GARRIDO
23 años
@soofigarrido

Soñé que paseaba por Nueva York. En un momento, me metía en un café y la encontraba a ella tomando algo con Joe Alwyn. Estaba intentando camuflarse entre la gente con una gorra y lentes oscuros. Me moría de ganas de hablarle, pero no la quería molestar. Me acerco a la mesa sin pensarlo mucho y cuando la tengo enfrente no le puedo hablar. Saco de la mochila una carta que no sabía que tenía conmigo, en la que le decía todas las cosas que no me animaba a decirle en ese momento: cuánto la amo y la admiro, todo lo que su música significó para mí. No quería que la abriera en ese momento, pero empezó a leerla en ese mismo instante. Mientras recorría el papel, se reía. Se sorprendió al leer que tenía un tatuaje con un fragmento de la letra de "Lover" y me pidió que se lo mostrara. Me abrazó.

BELÉN
22 años
@beluiibelula

Uno de mis mejores amigos, Imanol, tiene un taller de vermú y poesía. En mi sueño, Taylor apareció en uno de esos encuentros en Villa Urquiza, como si hubiera visto el *flyer* sin que nadie la invitara. Somos unas 30 personas en el lugar. Además de acercarse al taller, en el sueño, Taylor nos lee su poema "If you're anything like me".

Oh, darlin', don't you ever grow up

ESTEFANÍA
32 años
@estefichiarelli

La última semana de octubre de 2022 tuve un desafío artístico: hice con mis manos, a pedido, un collar inspirado en el video de la canción "Bejeweled". Llegué al video, me atrapó la canción y me obsesioné con el disco *Midnights* por completo. Durante esa semana lo escuché varias veces, recortando frases en imágenes y escuchando capas y capas de sonidos que fueron la inspiración para toda una tanda de creaciones. Unos días más tarde, el 5 de noviembre de 2022, tuve un sueño.

Estoy en mi cama, las paredes son blancas y las ventanas, marrones. Me despierta la luz del sol. Abro los ojos y está ella. Le brilla la piel, es como si pudiera ver cada poro de su cara tintineando. Nos miramos. No me pide nada, pero le acerco un encendedor naranja de plástico y se prende un cigarrillo. No sale olor a tabaco ni a marihuana, solo a lavanda. Ese humo y ese olor impregnan toda la habitación. De repente, ella ya no está, pero quedan el humo y el olor a lavanda, como si Taylor Swift se hubiera convertido en un sahumerio. El humo brilla como ella y de repente no veo más que joyas brillantes.

Viajábamos con mi familia a Orlando y en el primer día teníamos que ir a Magic Kingdom. Al llegar, encontrábamos una fila enorme para ingresar. Nos revisaban y tomábamos un tren que nos llevaba al parque de diversiones. Yo estaba muy emocionada. Tenía puesto un buzo de la era Reputation. Ya en el parque, mi hermana me decía que quería subirse a una montaña rusa. Al principio, yo no quería, pero terminaba aceptando. De repente, ya estando en el juego, escuchaba unos gritos y una voz que me resultaba conocida. Pensaba "no, no es posible". Cuando el juego termina y todos empiezan a bajar, veo a una chica rubia con lentes oscuros y una gorra, acompañada de una amiga y un guardaespaldas. Veo que la chica rubia empieza a caminar hasta mí y, a medida que se acerca, empiezo a confirmar que es Taylor. "Me encanta tu buzo", me dice.

En el sueño, mi mamá hacía muy poco que había fallecido y yo estaba abatida, sin ganas de nada. Escuchaba la radio para distraerme y no pensar. Por alguna razón en esa radio solo pasaban Taylor Swift. En un momento, el sonido del estéreo se volvió más alto, más real, más presente. Cerré los ojos, volví a abrirlos y Taylor estaba en la misma habitación que yo, dando una suerte de concierto personal. Me agarró las manos y el lugar donde transcurría esa escena empezó a cambiar. Fue por muchos lugares que yo solo conocía por fotos. Vi Nashville, Nueva York, Londres. Todo mientras ella acompañaba cada salto con una canción. En un momento volví a mi casa, ella todavía me estaba agarrando las manos, pero había dejado de cantar.

Me habló en un perfecto español que todavía me da gracia recordar y me dijo que tenía que seguir, que no me podía rendir. Que todo el dolor iba a pasar y que si alguna vez lo dudaba, solo tenía que volver a prender la radio, porque no importaba qué tan mal me sintiera, ella siempre iba a tener una canción preparada para mí. Y yo le creí.

Abrí los ojos como si ella misma me hubiera mandado a despertar, y cuando lo hice la radio estaba realmente prendida y sonaba "Long Live". Canción que hoy en día es mi himno.

Soñé que viajaba a Inglaterra por trabajo. Un día que tenía libre, salía a caminar y escuchar música por las calles de Londres. Era una de esas tardes en las que el cielo se pone de color violeta y hermoso. En un momento del trayecto, me freno a ver la ciudad con esa luz. Pasa una mujer, me llama la atención su ropa. Tenía un saco lila, era rubia y alta en comparación con mi propia estatura. Era Taylor. Caminaba sola y sin guardias. Era una más en la ciudad. La llamé, le grité su nombre y me acerqué. En cuanto se dio vuelta confirmé que era ella. Me sonrió haciendo señas para que fuera más cerca. Cuando camino algunos pasos más hacia ella, ya estábamos en Londres. De repente, el lugar era Rosario. El cielo era igual, pero ahora estábamos en mi casa, sentadas en unos sillones del patio. En el sueño, me pedía que organizáramos un show en la ciudad. Eso hacíamos mis amigas y yo. Lo siguiente que recuerdo es que el show ya estaba ocurriendo. Recuerdo que cerré con "You Belong With Me".

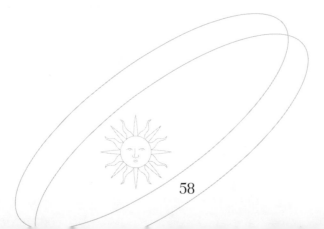

DANIELA LÓPEZ
35 años
@soydadatina

Soñé que estaba con unas amigas y les soltaba lo que siento, mi verdad sobre ella. Que Taylor Swift tiene el poder de tener una canción que refleja cómo me sentí en algún momento de mi vida. Son décadas de poder escuchar sus letras sobre la felicidad, sobre el amor y el desamor, sobre quienes te odian, sobre quienes te ignoran, sobre perder y ganar, y siempre siempre encontrarme en algún momento en una de ellas. En mis ojos, ninguna artista puede igualarla, es para mí una de las mejores compositoras de esta generación.

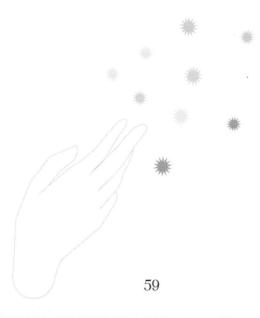

FLORENCIA
32)
@huevosensible

Estábamos editando juntas, cada una con su compu en mi cuarto, entre copas de vino y nubes de porro, mientras cantábamos canciones que no eran de ella (porque en mis sueños simplemente era una amiga más) y también conversábamos sobre vínculos y la vida en general. De repente, la atmósfera cambió. Nos empezamos a halagar sobre nosotras y nuestros cuerpos por cómo nos veíamos. Nos acostamos y ella empieza a acariciarme. Me pregunta si puede besarme, a lo que le contesto que sí, solo por curiosidad. Me empezó a gustar mucho. Nos empezamos a tocar, a ella también le gustaba. Lo gracioso era que gemía como cantaba, gemía cantando.

Estaba con mi mamá haciendo el Camino del Inca, totalmente sedientas, cuesta arriba. En un alto encontramos un lugar para refrescarnos y tomar un poco de agua. Pensé que la luz me cegaba, pero la silueta de una mujer me llamaba a un costado. Las señas seguían siendo brumosas, pero no podía dejar de acercarme a eso, que parecía un espectro. Cuando estuve cerca, me sorprendí: ¡era Wendy Sulca! Me decía que tenía trastornos y a veces sentía que otra persona la habitaba, como una usurpadora de cuerpos. Me pedía que la siguiera, y a medida que subíamos una loma inclinada, su color de pelo comenzó a cambiar, igual que su atuendo. Cuando no pudo ser más empinada, se giró y me habló en inglés. Me dijo que en Nashville era todo más llano, que el verde era más verde, pero que igual le encantaba el paisaje y que no veía la hora de llegar a Machu Picchu. Taylor Swift, ella misma, me acompañó hasta el Templo del Sol.

JULIETA MAC-TIER
23 años
@mysterixuswayss

esde hace mucho creo que todo lo relacionado a Taylor está rodeado de mística. Justo una noche antes de la venta de entradas tuve un sueño muy vívido. La tenía justo enfrente. Yo estaba pegada contra la valla y ella, a pocos metros, arriba del escenario. A mis costados estaban mis amigas y mi pareja. La escuchamos cantar, bailar y brillar como lo hace en cada show. El lugar estaba repleto de gente y todos gritaban sus canciones con una sonrisa. El confetti se nos pegaba en la cara por las lágrimas.

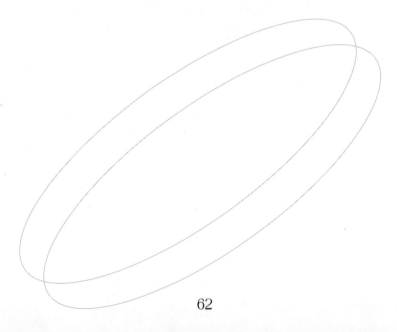

CELINA BARTOLOMÉ
31 años
@queenxelee

En el último sueño que tuve con Taylor Swift estaba viéndola en un recital muy íntimo, en un lugar chiquito. De golpe, salía con un vestido de tul violeta increíble. El viento le pegaba de frente. Ella cantaba "Enchanted" y yo me ponía a llorar. No eran solo unas lágrimas, me ponía a llorar con verdadera desesperación. Cantaba la parte de "please don't be in love with someone else". Los que estaban al lado me miraban como si estuviera loca. No me importaba mucho.

FLOR COLACITO
36 años
@unbreakableflor

Para cuando mi depresión llegó a su pico, me mudé al departamento más hermoso que vi en mi vida. Llevaba tres años viviendo en Nueva York y, a diferencia de lo que se veía de afuera, la soledad, el exilio y la falta de pertenencia me tenían presa de un espacio lindo, pero vacío. Siguiendo la costumbre que instalé desde que emigré, me negué a decorar la casa. Todo se siente muy pasajero, aun siendo una decisión tomada. Vivo en mi "no me comprometo con nada" era. Hace unos meses, me contagié un virus inexplicable que me tuvo siete días en cama, volando de fiebre. En los pocos ratos que pude levantarme a tomar agua, vi ese espacio esperando ser llenado de alguna manera. Me fui a dormir y soñé con Taylor. Con "august", para ser más exacta. No sueño con música, pero en general sí sueño con Taylor, como si fuera una especie de mantra que se me repite, una excusa para pedir prestadas las palabras que necesito. Cuando abro los ojos, pienso en una frase que apareció en el sueño: "To live for the hope of it all". Abro la computadora y empiezo a encargar cosas. Lámparas, discos y posters de canciones que incluyen definiciones de mí misma que Taylor me prestó durante años con mucha generosidad.

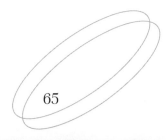

GUILLERMINA
20 años
@guillechoua

T enía 18 años recién cumplidos. Estaba estudiando una carrera que no me apasionaba, había sufrido una desilusión amorosa terrible y no estaba pudiendo entenderme con mis papás. Recuerdo haber escuchado *folklore* y haber llorado hasta dormirme. Fue esa noche que llegó probablemente el mejor sueño que tuve en mi vida.

En el sueño, yo estaba en mi cama, en posición fetal. Así es exactamente como me había dormido esa noche. Si bien la cama era mía y podía reconocerla, no estaba en mi habitación, sino en el medio del valle de Raco, un pueblito tucumano rodeado de montañas al que muchos de mis amigos suelen ir con cierta frecuencia.

Estaba tapada por varios acolchados y había una neblina súper espesa. Me quedé en silencio, mirando los árboles. En un momento, apareció ella. Tenía un tapado gris, el mismo que usaba en la era *folklore*, nada de maquillaje, el pelo despeinado y una expresión que parecía de angustia. Lo que me sorprende de ese sueño es mi reacción al verlo. No salí corriendo a abrazarla, no lloré, nada. Levanté un poco la cabeza y seguí acostada. Empecé a sentir un peso sobre mí y sobre la cama e intenté mirar qué había, pero no podía ver nada. Volví a mirar en dirección a donde había encontrado a Taylor, pero ya no estaba. Sentí que me acariciaban el pelo, pero no podía ver a nadie. Empezaron a sonar los primeros segundos de "the lakes". Las flautas de ese tema me daban mucha paz. Me desperté y necesité quedarme en silencio un rato largo.

Durante el mundial, la emoción por cada partido estaba a flor de piel. Una noche, soñé que ganaba un meet & greet de Taylor y que lo primero que hacía al encontrarla era mostrarle un edit de Messi con "You're on Your Own Kid". Solo le hablaba de eso, le pedía que nos desee suerte y que venga a Argentina a festejar con su fandom y Messi.

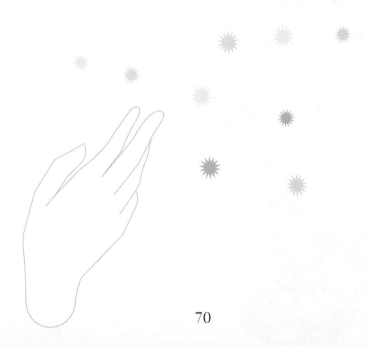

NICOLÁS REALES
23 años
@riais_nicolas56

Soñé que Taylor era mi compañera de secundaria. Íbamos juntos al colegio donde fui toda mi vida, en Jujuy. Nos conocíamos desde primaria y hablábamos, pero ella era muy tímida. Poco a poco nos fuimos haciendo amigos por intereses en común. Hablábamos sobre libros y canciones que nos gustaban y, a veces, escribíamos algunas letras. Ella siempre las musicalizaba porque le gustaba cantar; yo, no, no tengo buena voz ni sé tocar un instrumento y tampoco tenía ese talento en el sueño.

Hicimos un grupo de amigos y éramos todos muy unidos. Atravesábamos nuestra adolescencia juntos. Ella amaba escribir, aunque casi siempre lo hacía a escondidas, porque tenía miedo de que nuestros compañeros la consideraran poco convencional. En el momento que mejor recuerdo del sueño, escribía "Fifteen" y se la mostraba a una amiga a la que acababan de romperle el corazón.

Otra cosa que recuerdo de ese sueño, aunque con menos nivel de detalle: un día el colegio organizó una muestra artística y Taylor se animaba a participar. Cantaba "Long Live", en inglés. Algo raro porque el sueño pasaba en Jujuy y, porque en la vida real, "Long Live" la canta para los fans ya avanzada su carrera y teniendo ya un gran público. La cantó para nosotros, para sus amigos. Recuerdo muy poco del final, solo sé que ganó ese concurso y que el premio era la posibilidad de viajar a Buenos Aires a grabar en un estudio profesional.

¡EVITA!
ETERNA EN EL CORAZÓN
DEL PUEBLO DE
ALMIRANTE BROWN
CONSEJO DEL PARTIDO JUSTICIALISTA
DE ALTE. BROWN
17 DE MAYO DE 2000

LULIGA.

Desde que conocí a Taylor viendo el videoclip de "You Belong With Me" la soñé en muchísimas oportunidades. Estas ilusiones incluían todo tipo de escenas. Desde ella invitándome a cantar en el *Reputation* Tour hasta que venía con The Eras Tour a tocar en la plaza de mi pueblo, gratis. Pero de todos esos sueños el que recuerdo con más claridad es uno que tuve después de ver *Miss Americana*. Ella me había invitado a mí sola a una de sus *secret sessions*. Una demencia total. Estábamos en su casa, tomábamos vino y nos contábamos todo sobre la vida de cada una. Era como si fuésemos amigas de toda la vida. Antes de irme, me dio un abrazo muy lindo. Cuando me desperté, me quedó la sensación de seguir abrazadas.

IGNACIO MUÑOZ
25 años
@nachomunozz

Se lo atribuyo a que me había enojado mal saber que una mina llevó un perro a un recital de Taylor Swift. En mi sueño, mi hermano me avisaba que ella estaba tocando en el que fue su colegio, y al ser él exalumno tenía cierto privilegio para conseguir que entráramos. Cuando llegamos a la puerta de la escuela, nos hacen ir por lugares muy raros. La construcción tenía la forma de una catedral muy antigua. Cuando llegamos al lugar donde Taylor estaba tocando, nos quedamos viendo el show súper contentos. Pero en determinado momento me doy cuenta de que mi hermano había llevado a mi perra. Lo quería matar. La perra, obviamente, empezó a ladrar mientras Taylor cantaba. El sonido del ladrido podía empatar el del show. ¡Estaba Taylor cantando y se escuchaba a mi perra ladrar! La desesperación me comía. Yo le gritaba a la perra que se calle. Le decía que pare, que encima no tenía que estar ahí con nosotros. La situación me estresó mucho. Fue horrible, no pude disfrutar nada al final.

Eran los primeros días de abril. Estaba empezando un trabajo completamente nuevo. Contenta con mi equipo y con mi puesto, me sentía más que lista para hacerlo. En paralelo, durante esos meses, los rumores del Eras Tour llegando a Latinoamérica eran cada vez más intensos.

Una de esas noches, soñé que se me encargaba una tarea gigante en mi nuevo puesto de trabajo: organizar el show de Taylor Swift en Argentina. De repente, sentada frente a una computadora, veía miles de plantillas de Excel. Los mails no paraban de entrar y el teléfono sonaba sin descanso. Empezaba a angustiarme. Sentía la expectativa del público y la presión de que todo saliera perfecto.

Me desperté completamente agitada, entre el estrés de la organización y la adrenalina de estar trabajando para mi artista favorita de toda la vida. Pero, por sobre todas las cosas, con una sensación de que algún día ese show iba a ocurrir, y aunque no sería mi responsabilidad organizarlo, yo iba a estar ahí.

JUANA SOFÍA ARANEDA
21 años

@juana.araneda04

as luces son tan fuertes que casi me dejan ciega. ¿Dónde estoy? ¿Qué es todo esto? Hay mucha gente a mi alrededor, el bullicio es inmenso. De la nada puedo escuchar que de unos parlantes sale una voz diciendo "It's been a long time coming...". No lo puedo creer. Después de unos segundos ella aparece. Ahí está, es como me la imaginaba. O mejor dicho como la había visto tantas veces en mi celular, en mi computadora, en las fotos de los CDs. El pelo rubio le cae por los hombros como una cascada dorada. Tiene puesto ese body con los colores de la bandera argentina, con brillos, que le queda espectacular.

A mis costados están mis amigas. El show es increíble, es todo perfecto, magnífico, los vestuarios, los bailarines, su voz. Siento en el sueño que esta podría ser la mejor noche de mi vida.

Tres veces soñé con Taylor.

La primera vez, la veía en el restaurante en el que trabajo, en plena temporada alta. Un rato antes, se habían sentado Selena Gómez y su mamá en una de las mesas que tenemos al aire libre y ella se les unía.

La segunda, soñé que estábamos realmente cerca de la valla del campo delantero en su primer show en Argentina. Se acercaba mucho a mí y a mis amigos. Todos teníamos la sensación de conocerla.

El tercero lo tuve hace unos días. Soñé que estaba en el concierto una vez más, pero en esta oportunidad estaba ubicada en una platea baja y con mi papá. En un momento ella se acerca desde el escenario, me ve y yo le grito algo. No sé qué le grité, pero la hice reír mucho y me tiró un beso que le devolví.

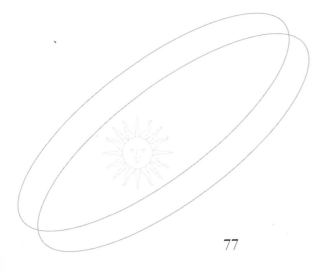

ANTONELLA MARENGO
24 años
@antomarengo_

Midnights acaba de salir. Mi amiga y yo estábamos sentadas en un café neoyorquino conversando y vimos que se abría la puerta del local. Entró ella. Miré a mi amiga y estaba tan sorprendida como yo, muda, paralizada. No podíamos creer lo que estaba pasando. Queríamos abalanzarnos sobre ella, pero nos disgustaba la idea de invadir su espacio o molestarla.

Las dudas nos duraron unos pocos segundos: nos levantamos de la mesa y fuimos directo hasta el mostrador, donde Taylor estaba pidiendo su café. Nos dio un abrazo súper cálido y tierno. Le contamos cuánto la queremos y admiramos y le hicimos saber que la esperábamos en Argentina en algún momento. Seguimos conversando. En un momento de la charla, nos preguntó si queríamos ir a una *secret session* en su casa. Dijimos que sí sin pensarlo. Esperamos que tome su café, nos habló de sus gatos y nosotras le contamos de los nuestros. Cuando terminó, nos fuimos a su casa. Entramos sin poder creer todo lo que estaba pasando. Nos acomodamos en su living y nos ofreció galletitas que ella misma había horneado antes de salir. Le dio play a la música y, para mi sorpresa, era *Reputation (Taylor's Version)*. Le conté que era mi álbum favorito, junto con *folklore* y *Evermore*. Se rio, le pareció divertida la coincidencia. Jugamos con sus gatos y seguimos conversando. Antes de irnos, mientras nos despedíamos, nos sorprendió con regalos. Nos dio un cardigan y una bufanda roja a cada una y nos fuimos.

NICASIO SALAS OROÑO
19 años
@nikisalas_

Taylor es una artista que siempre me cautivó por ser una de las cantantes más versátiles en cuanto a sonido, con una discografía muy interesante, digna de explorar a fondo, una voz poco genérica y muy distintiva, una presencia fuerte en el escenario a la hora de interpretar (y a veces incluso actuar) sus canciones. Pero lo que realmente para mí siempre distinguió a Taylor Swift de cualquier otra artista en la industria, es el elemento que rodea todas y cada una de sus canciones: su narrativa. Toda canción compuesta por Taylor cuenta una historia propia, describiendo con todo detalle los eventos, las imágenes visuales y los sentimientos más profundos en un lenguaje autobiográfico que permite reconocer su estilo, muchas veces usando recursos lingüísticos como metáforas, rimas y juegos de palabras. Las canciones llevan consigo una subjetividad, como si se tratase de fragmentos extraídos directamente de un diario íntimo, acompañados de melodías hermosas y una producción que suele reflejar en sonido los sentimientos relatados en la canción.

Hubo un tiempo donde, por algún motivo, no podía hacer otra cosa que pensar en el poder que tenemos los humanos de recordar. Como hacemos tanto hincapié en ciertos hechos con el objetivo de reafirmar lo que, en algún momento, fue nuestra realidad. Y es así como nos encontramos preguntándole a otro "¿vos te acordás de esto?". En letras como "Mine", Taylor le pregunta a una persona "¿te acordás cómo estábamos sentados ahí junto al agua?". O en "All Too Well": "Solo entre nosotros, decime: ¿lo recordás todo muy bien?". En canciones como "Out Of The Woods" y "august" las historias también giran en torno a un recuerdo que vaga en lo perdido de la memoria, en ambas canciones Taylor vuelve a preguntarle a alguien: "¿Vos te acordás de esto?".

Es la inevitable necesidad humana de reivindicar los hechos vividos, que pueden haber impactado para bien o para mal, pero que, sin lugar a duda, fue tal que provocaron la necesidad de preguntarle a alguien más si lo recuerda de la misma forma que lo hace uno. Y estoy haciendo tanto énfasis en todo este delirio de la memoria porque una vez en un sueño, me la encontré a Taylor.

Era un día claro en medio de un bosque. Parecía el universo visual de la portada de folklore, yo sabía que estaba ahí buscando algo, pero no sabía exactamente qué. Mientras deambulaba por el lugar, lo único que tenía conmigo era un arco y flecha. Más transitaba por el bosque, menos claro tenía qué estaba esperando encontrar o a qué lugar quería llegar. Hasta que, unos momentos después, a lo lejos, vi una figura que me resultaba extrañamente familiar, la figura de alguien a quien jamás había visto, pero que sentía conocer de toda la vida. Me acerqué corriendo a toda velocidad. Levanté la vista y era ella. Creo que todos alguna vez nos imaginamos qué palabras intentaríamos expresar si nos encontrásemos a alguien a quien admiramos con todo nuestro corazón. En general, son palabras de agradecimiento. Pero por algún motivo, en mi sueño, todo lo que pude decirle fue: "¿Te acordás, Taylor? Por favor decime que te acordás". No sé a qué me refería exactamente, o qué respuesta estaba buscando. Ella me miró intrigada, pero tranquila. Como si de algún modo supiese a qué me estaba refiriendo.

Mi sueño más presente sobre Taylor tiene lugar en mi pueblo. Pero mi pueblo, en el sueño, se parecía mucho a Nueva York. Estaba paseando con mi papá y nos llegó la noticia de que Taylor estaba en una tienda de música firmando CDs y vinilos. Yo no tenía ni uno, pero fui igual, esperando comprar uno en el momento. Había mucha gente y era difícil avanzar en la multitud para acercarse. Pasé horas intentando llegar a verla. Cada vez parecía más imposible lograrlo. Se acumulaba gente delante mío, se armaba una barrera. Sentía la desesperación de no poder acercarme a Taylor y empezaba a cansarme.

Hasta que ella empezó a cantar.

Incluso en ese sueño, se me puso la piel de gallina. Justo como me sucede cada vez que veo videos de ella en vivo. Cuando su voz sonó, sin micrófono de por medio, natural y directa, todos se tranquilizaron. Nos fuimos sentando todos en el suelo. Parecíamos hipnotizados.

Cuando terminó una versión a capela de "Long Live" muchos estábamos llorando y logré al fin acercarme a ella, abrazarla y verla sonreír con dulzura mientras me separaba.

ANA OLIVIA KRAPOVICKAS
18 años
@anakrapovickas

Soñé que iba en un colectivo línea 17 con una amiga. Yo iba mirando por la ventana y mi amiga iba charlando conmigo. En una parada, sube gente y mi amiga gira la cabeza y se queda de piedra.

Por la ventana, veo un cartel de teatro (una obra que solo existía en el sueño) y la llamo para decirle que puede estar buena esa obra, que hay que ir. Mi amiga ni se inmuta y me dice: mirá quién subió. Me giro para ver por el pasillo del colectivo y en la otra punta veo a una Taylor Swift de 18, 19 años.

Con mi amiga nos acercamos a ella para hablarle y ella nos pregunta si sabe dónde queda la Escuela Universitaria de Cine, el lugar a donde estábamos yendo mi amiga y yo. Bajamos las tres. Mi amiga y yo acompañamos a Taylor al departamento de alumnos.

ANA CLARA ROBLES
31 años
@nanithemillennial

Dos veces soñé con ella.

La primera vez yo creaba una app de citas para gatos. La usaba con los míos y, en el primer encuentro, aparecían ella y Olivia. Nos poníamos a cocinar. Ella hablaba en español. No recuerdo muchas cosas que dijo, solo que en un momento me preguntó "¿Sabías que existe la pastelería felina?". Yo le decía que sería un buen proyecto y ella me proponía que usemos "Smelly Cat", de Phoebe Buffay como jingle.

La segunda vez fue en un sueño más o menos recurrente que tengo antes de cualquier estreno de obra en la que actúo: tengo un cambio de vestuario rápido y no llego a mi marca en el escenario a tiempo. En este sueño en particular, Taylor me ayudaba porque el vestuario había quedado en mi casa. Corríamos hasta que ya era demasiado tarde. Entonces ella me decía que no me preocupe, que nadie se iba a dar cuenta que entraba mi reemplazo y que ella se iba a quedar a ver la siguiente función porque a ella también le había pasado y nunca nadie supo que no estaba cantando ella en su show.

VICTORIA FERRERO

20 años

@Vicki.Ferrero

Sueño mucho con Taylor. A veces porque me duermo escuchando sus canciones o pensando en sus palabras. Me pasó algo muy curioso y es que, cuando compré las entradas para el Eras Tour, estuve soñando con ella por semanas. Mayormente me veía yendo al estadio, imaginando cómo sería verla en persona, en vivo. Su presencia es imponente y deslumbrante, incluso en sueños. En uno, particularmente, ella se acerca a mí tras bastidores, me habla con dulzura, yo tiemblo. Se acerca y me abraza, hablamos, reímos y la escucho hablar de sus canciones favoritas, sus nervios antes de salir al escenario, lo feliz que la hace cantar. Yo también le cuento cosas, como lo feliz que me hace a mí escucharla. Llegan mis amigas swifties, lloran, yo también estaba llorando, no puedo creer que no sea un sueño. Nos sacamos fotos, ella es más alta que todas. Nos ofrece lugares en primera fila. Comienza el show. Viéndola en el escenario, con el mundo a sus pies, es todavía más impactante. Comienza "Long Live", desde el público le digo que es una de mis favoritas. Nos mira y dice "How the kingdom lights shined just for me and you, I was screaming, 'Long live all the magic we made'".

Yo soy swiftie de *folklore*. La amo desde que las dos teníamos 18 años y me ilusiona mucho cantar "You Belong With Me" en un estadio, pero escucharla en clave indie en 2020 me hizo sellar el trato: lo nuestro es desde siempre y será para siempre. Quizás por eso soñé con algo que podría ocurrir en el futuro. En mi sueño, el tiempo pasó. Ella está sentada sobre un piano negro, en un teatro chiquito, con un vestido de terciopelo oscuro y brillantes incrustados. Tengo una buena ubicación, como si estuviera en el superpullman del Teatro Gran Rex. Empieza el set tocando "Delicate" y yo pienso: "Qué bueno, la preferida de Celi". Sigue con todas esas canciones que cuentan historias y sentimientos, pero con gritos suaves y rasposos: "Happiness", "Hoax", "Sweet Nothing". Después del show, nos vamos a tomar algo con mi amiga, nos contamos anécdotas, andamos en auto cantando las canciones de Taylor hasta que nos duele la garganta. El sueño se corta ahí, pero pienso en esa noche como el momento más alto de mi relación con Taylor, seguro en unos 40 años.

luliGA.

Lа ciudad era otra, parecía Nueva York o Londres. Yo estaba en una casa grande, en uno de esos edificios blancos con ventanas chiquitas. Conmigo, estaban varios de mis amigos, aunque de diferentes grupos. Era como una fiesta grande y era de día. Como si fuera una persona más de mi círculo, Taylor andaba por la casa vestida de manera muy casual: en shorts y un sweater. Estaba peinada con una trenza muy sencilla, que completaba el look con el que la había visto en varias entrevistas virtuales que dio tras la salida de *folklore* y *Evermore*. Además de ella y de todos mis amigos, en esa fiesta estaba Messi, aunque yo no interactuaba con él. Con Taylor, en cambio, éramos amigas en este sueño. En un momento yo le daba la mano y le pedía que me cuente todo lo que le estaba pasando. Mientras esto pasaba, mis amigos entraban en un espiral de locura al descubrir que Messi estaba ahí. A mí también me resultaba llamativa su presencia, porque en el sueño Taylor era una amiga más. Messi, en cambio, era la celebridad. Toda esta excitación por Lionel me distraía de mi charla con Taylor, pero era un sueño feliz, todos estábamos contentos.

Al final, Taylor y yo nos sentábamos en un sillón. En una mano tenía una copa de vino blanco. Con la otra, agarraba una de las manos de Taylor y le insistía: "Ok, ahora sí, contame cómo te sentís con todo lo que el Eras está generando en vos, con la música, con los fans, contame todo sobre cómo lo vivís". Cuando estaba por escuchar su respuesta, me desperté.

Era un "Cruel Summer", pero hace tiempo preparaba este día. La librería que elegí era perfecta, cada silla y regalo en su lugar esperaba que las chicas de mi nuevo Taylor Swift Book Club empezaran a llegar. Todo estaba listo, pero dentro mío había una sensación rara que no podía explicar. La puerta se abre, lo raro va a tener que esperar.

Gente normal de Sally Rooney era el libro sobre el que íbamos a charlar. Ya sentadas, con emoción de empezar, llamamos a la moza para ver qué merendar.

"Chicas, ¿qué quieren tomar?", nos dice la mismísima Taylor Swift en delantal. Nos miramos extrañadas, sin entender. "¿Qué pasa chicas?", nos pregunta. "¿Nunca vieron a Taylor Swift en Liniers?".

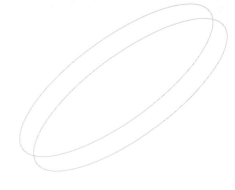

MILENA SEPÚLVEDA
16 años
@_milesuar

E stoy caminando sola por la calle, hace mucho frío y llueve. Paso por una cafetería y decido entrar. Elijo una mesa, me siento y empiezo a leer el menú. Siento el ruido de la puerta principal abriéndose y, cuando levanto la vista, la veo a ella. Estoy en shock. Me acerco a saludarla, la abrazo. Otras chicas hacen lo mismo. Nos sonríe y nos invita a una *secret session*. Me siento en un lugar y comienzo a leer la carta para saber qué pedir, pero cuando levanto mi vista, veo que por la puerta entra Taylor.

Me quedo en shock y siento muchísima emoción por verla, aunque no entendía por qué estaba en Argentina. Me acerco a ella con un par de chicas más, a pedirle una foto. Cuando me ve, me sonríe. Nos sacamos una foto. Después, estamos en su casa, todas en ronda. Taylor le da play a canciones suyas que no existen. No recuerdo el contenido, pero recuerdo que a todas nos gustaban.

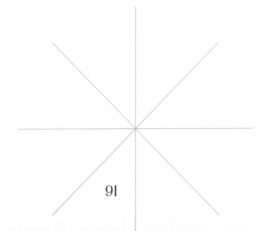

LUCÍA CELESTE GÓMEZ
20 años
@luciaceleeste

Soñé que iba al concierto de Taylor, curiosamente, con mis amigas. Digo que es curioso porque ellas no solo no son swifties sino que, además, todas vivimos afuera de Buenos Aires. Estábamos muy cerca del escenario. En el momento exacto en que empieza a cantar "22" y entrega el sombrero a una fan que suele elegir su mamá, el sombrero era de cotillón. Otra cosa rara es que su mamá tiraba el sombrero bien lejos, como para que nadie se acerque.

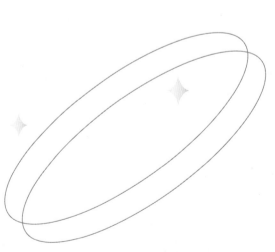

Sueño con Taylor de manera recurrente. En uno de los últimos que recuerdo, estaba en su recital y, en "22", su mamá se acercaba a darme el gorro a mí. "Se nota que sos la fan N° 1", me decía. Me da el gorro y un pase al backstage. Cuando la encuentro a Taylor solamente puedo pedirle disculpas: "Perdón, sé que a vos esto no te gusta", le dije primero. Pero después le agregaba muchas cosas que me encantaría decirle en la vida real: "Vos no sabés lo que significás para mí, gracias a tus canciones no me siento tan sola".

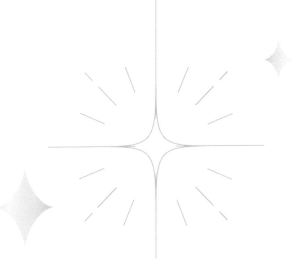

El sueño más reciente que tuve con ella fue la semana pasada. Yo estaba entrando al campo delantero de River para su primera fecha en Argentina, todavía era de día. Tenía muchos collares de colores, tantos que me pesaban. Creo que mi inconsciente cambió nuestros *friendship bracelets* por collares. Entramos al estadio y le comento a mis amigas que estoy muy nerviosa, que quiero ver a Taylor ya. En ese momento, se me corta un collar. Me agacho a juntar todas las cuentas para rearmarlo y, cuando vuelvo a pararme, ya es de noche. Volaban papelitos en el aire, esos que tiran cuando suena "Karma" y que significan que el show acaba de terminar. Mis amigas estaban muy emocionadas y comentaban lo bueno que había sido el show. Me puso muy triste. Por alguna razón, cuando termina el sueño, me veo juntando papelitos en el estadio, sola. En un momento, Taylor vuelve a aparecer en el escenario y me saluda. Esa fue la segunda vez que soñé con ella.

La primera vez que soñé con ella, estaba caminando por el pasillo de un hotel, buscando algo que no sabía qué era. Veo más gente pasar y, cuando me asomo al hall, Taylor estaba dando entrevistas y una multitud de gente estaba escuchando y tratando de conseguir fotos y autógrafos. No sabía qué hacer. Corte. Aparezco en una especie de *meet & greet* como el de *1989*, todo blanco. Una señora, empleada de seguridad, me pide el número para ingresar y yo no lo tengo. Tampoco tenía el mail, nada que probara que yo podía entrar. Empecé a llorar. Taylor me escuchó y se acercó. Me dijo que entre igual. No me acuerdo nada más que eso.

LUCILA SOT
21 años
@luciisoto

Estoy en la primera fila de su show del Eras Tour. El lugar es enorme, preparado para miles de personas, pero estamos solamente ella y yo. Canta "Bejeweled" y, al terminar, se acerca, me da la mano y me dice algo, pero no puedo escuchar qué.

En mi sueño Taylor y yo éramos amigos desde la infancia y teníamos alta confianza, pero por algún motivo no nos veíamos. O sea, la relación estaba, pero a la vez ella era la *popstar* que es y yo era yo. Nuestros mundos mucho no se mezclaban. En el sueño ella estaba en la etapa de *Speak Now*. Taylor iba a venir a la ciudad en donde vivo.

Cuando me entero, le escribo un mensaje que dice: "Che, re bien que venís, felicitaciones". Me dice que antes del show nos encontremos en un lugar. Cuando voy, es un supermercado. Ella estaba ahí, entre las góndolas, con su equipo. Le digo: "¿Es acá?". Y me dice: "Sí sí, el escenario está atrás". Pasamos un ratito en el supermercado y ella me hace preguntas sobre mi familia. Después me muestra una foto nuestra de cuando éramos chicos, estábamos juntos. Le digo que nos saquemos una más actual.

En ese momento ya dejo de sentir que es alguien que conozco, estoy un poco ansioso por estar con ella, como si la relación hubiera dejado de ser familiar. Cuando estamos por sacarnos esa foto, llega alguien de su equipo y le avisan que es hora de empezar el show. Se va por una puerta por atrás del supermercado y yo voy detrás suyo, hasta que llegamos al escenario.

ANA BENITO
19 años
@anabenitoo

Estoy con ella, pero en el sueño es una escena muy natural, nada especial. Taylor acaba de terminar un show y yo paseo por el backstage. Me dice que tiene que irse porque está muy cansada y ahí empiezo a desesperarme. Le quiero hablar de muchos temas distintos, todos al mismo tiempo. Le pregunto cuál de todas sus canciones era más difícil de interpretar. Me responde que es "this is me trying".

ROMINA AGUIRRE

21 años

@romiiaguirre

Hay dos tipos de sueños que tengo con ella, aunque ninguno de ellos lo recuerdo con tanta claridad. Solo tengo imágenes sueltas. En uno, el más común, me anticipo a su primer show en Buenos Aires, los minutos previos a que comience, la ansiedad y la desesperación de ese momento. En otro, ella parece un personaje de un cómic: tiene poderes, salva personas y protagoniza situaciones extraordinarias.

LEILA
24 años
@leilaciamponi

Estoy en mi casa, en Rosario, en pijama. Es el día de mi cumpleaños. Miro el teléfono para leer algunos saludos de mis amigos y llegan muchas notificaciones de Twitter que avisan que ella está caminando por la ciudad. Salgo tal cual estoy a la calle, en pantuflas. Hace bastante frío y recorro buena parte de la ciudad. Voy a la peatonal de Córdoba, paso por la Plaza San Martín, por el boulevard Oroño, pero no está en ningún lado. Cuando llego a Mendoza y Laprida, la encuentro en la esquina del teatro El círculo. Voy corriendo a contarle que es mi cumpleaños y nos sacamos una foto y luego se va. Cuando reviso mi teléfono, la foto no está por ninguna parte.

stoy en Londres y está a punto de correrse el circuito Silverstone. Yo estoy cubriendo el evento, pero también salgo a escondidas con un piloto de la Scuderia Ferrari. En medio del evento, me entero que el hermano de Taylor es fanático de los autos y que tanto él como ella iban a ir a la carrera invitados por Ferrari. Remuevo cielo y tierra para conseguir un pase a la zona donde van a estar ellos. Me avisan dónde es: están en el garage.

Entro y veo a Austin y a Taylor mirando el monoplaza que los mecánicos estaban montando. Me empiezan a temblar las manos, pero por dentro sabía que tenía que calmarme y parecer profesional. Se sube a un monoplaza que solo tiene Ferrari con tres asientos. Le pido a mi novio que la cuide como su propia vida.

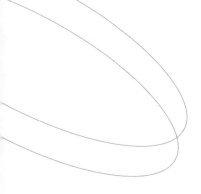

Estoy en una clase de gimnasia del colegio. Tengo mi edad de ahora, pero tengo puesto el uniforme de cuando todavía estaba en la escuela. Acompañada por otras chicas que cuchichean y no paran de hablar entre ellas, voy al rincón designado para dejar nuestras cosas. Es un espacio abierto que está en altura: hacia la derecha se ve todo pasto y, hacia la izquierda, una baranda gris que funciona como mirador. Desde el mirador se puede ver mucha agua. En ese espacio el sol nos pega de lleno: es mediodía y no hay una sola nube en el cielo. No conozco a esas chicas, así que me pongo un poco incómoda. Me acerco a la baranda y, de repente, me doy cuenta de que lo que se puede ver desde ahí es Nueva York, aunque el agua que la rodea es muy clara, como si fuese de Australia o Nueva Zelanda.

Me alejo del borde y el piso del mirador se transforma en una pileta chiquita. Sigo apoyada contra la baranda, pero ahora tengo las piernas sumergidas en el agua hasta arriba de las rodillas. Siento cómo el ruedo de la pollera del colegio se me va mojando de a poco. Se acerca Alfredo, mi profesor de gimnasia. Está en el cuerpo de un famoso de la televisión, pero en el sueño yo sé que es Alfredo, mi profesor de gimnasia. Empieza a hablarme, se queja de la temperatura: "No puede ser, qué es este calor, ayer hizo un frío polar". Me sumerjo y empiezo a nadar para alejarme de él.

Cuando salgo a la superficie, la pileta ya no está al aire libre, sino dentro de un hotel, rodeada por paredes marrones símil madera y

ventanales internos empañados por el climatizado. Cerca de una punta de la pileta, veo parado en el borde a un nadador gigante. Es muy alto. Se tira, salpica y provoca un remolino. Los nadadores frenan, esperan que el agua se calme y siguen su camino.

Me sumerjo para una última brazada. Cuando subo la cabeza e intento sacar la mano del agua, la siento pesada. Al apoyarla en el borde la veo tan hinchada que no la reconozco. Apoyo la otra mano y es lo mismo. Tomo impulso y, a medida que mi cuerpo sale a la superficie, me doy cuenta que yo también soy gigante. Mis brazos, pecho, caderas, piernas, pies, cuello, cabeza. Todo tiene dimensiones descomunales. El uniforme desapareció, tengo un traje de baño acorde a mi nuevo tamaño. Salgo rápido al borde, trastabillando, me cuesta moverme con este cuerpo. Me encorvo, intento esconderme. Entre los nadadores aparece ella. Tiene el pelo con las ondas que usó durante la era de *folklore* y *Evermore*. Sale del agua imponente. Ella no tiene cuerpo de gigante, pero se siente como si midiese igual que yo. Ella también está usando un traje de baño de una pieza, a rayas verticales rosas y blancas. Se escurre el pelo, me pregunta por qué no me tiro. Me cuesta encontrar las palabras, pero le digo que no quiero. Taylor me mira. Tengo miedo de llamar mucho la atención. Me dice que ahora somos dos y nos dividimos la atención: si miran a una, miran también a la otra.

Estaba en una fiesta de cumpleaños de mucha producción. Podría haber sido un cumpleaños de 15. Había mesas largas, una gran cantidad de invitados. En el centro del salón, un escenario está todavía vacío. De repente, ella se sube y empieza un show que, puedo darme cuenta, es del Eras Tour. Podría haberme sentido privilegiada por presenciarlos, pero me asaltó una angustia por no haber estado preparada para la ocasión. La ropa que me hubiera gustado vestir en ese momento, los friendship bracelets. No tenía nada de eso. A pocos minutos de que el show comenzara, con una amiga, nos acercamos a la valla que separaba al escenario del público. Por alguna razón, estábamos cerca pero no podíamos verla. En cada lugar en que nos ubicábamos, ella desaparecía. Nos pasamos el show intentando encontrar un punto desde el que pudiéramos verla, pero terminó antes de que lo encontráramos. Se esfumaba.

ANTONELLA
28 años
@antoferretti

Tres veces en mi vida soñé con ella.

La primera. Es de noche en Buenos Aires. Muy poca gente ronda por las calles de San Telmo a esta hora. Somos mi amiga y yo, más algún que otro turista que anda dando vueltas por ahí. En ese paseo sentimos un ruido que nos saca de nuestra conversación. Un hombre intenta asaltar a dos mujeres. Mi amiga y yo nos tiramos encima suyo y demostramos tener una habilidad para una forma de arte marcial que no tenemos en la vida real y que nos sorprende a nosotras mismas. Logramos ahuyentar al ladrón. Cuando terminamos con eso, miramos a las chicas a quienes habíamos defendido. Eran Taylor Swift y su manager.

La segunda. Estoy frustrada porque "You Belong With Me" no suena como espero en mi guitarra. Practicando en mi living, la veo entrar a ella. Toma mi guitarra y me explica todo sobre la posición de los dedos y cómo marcar el ritmo. Lo hacía parecer fácil, pero además me alentaba a seguir practicando.

La tercera. Decido consultar al Tarot un par de preguntas que me vienen acechando. Estoy caminando a la casa de la tarotista. Llego, me abren la puerta. Quien me va a tirar las cartas es ella. Es profesional, ágil mezclando las cartas y precisa interpretándolas. No recuerdo qué decía, pero había en cada lectura una cuota grande de optimismo.

AYLOR

AGOSTINA DÍAZ GIMÉNEZ
21 años
@agosdiazgimenez

Era el concierto del Eras Tour, por fin, acá en Argentina, aunque en un lugar mucho más pequeño que River. Ella estaba en la era *folklore* porque tenía un vestido entre verde y ocre. Bajaba del escenario con total naturalidad porque había muy poca gente entre el público. Seguía cantando y se acercaba a mí. Puso su cara al lado de la mía y compartimos el micrófono por unos minutos, como si fuera un karaoke.

CAMILA BELÉN CORSI JUANI
18 años
@tear_soft

Caminaba descalza por el patio de una casa grande que yo conocía. Era un lugar muy lindo, yo andaba confundida sin saber dónde estaba. Me senté a pensar. Una mano me tocó el hombro. Cuando giro el cuerpo, la veo a Taylor. Nos quedamos hablando, aunque no recuerdo bien qué, solo que le conté algunas cosas de mi vida.

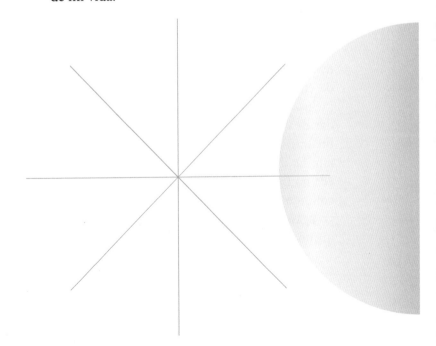

ALDANA VALES
34 años
@aldyvales

Estábamos hablando en un bar del West Village de Nueva York, quizás haya sido después de uno de sus shows en Filadelfia. Yo estoy charlando con alguien cuando la veo pasar. "¿Le hablo?", pienso. "Cómo no vas a ir a hablarle", me contesto. Una respuesta obvia. No pasa un día sin que la escuche. En ese momento, me acuerdo de lo que me dijo una vez un chico de Baltimore: "Es divina, súper cálida. Yo la vi hace muchísimo tiempo y le conté que cumplimos años el mismo día. La volví a ver después de un par de años y me reconoció. '¡Compañero de cumpleaños!', me dijo". Todo lo que sabía, incluso en ese sueño, es que Taylor se iba a acordar de cualquier cosa que yo le dijera. Cuando finalmente estoy frente a ella, le digo que soy fan. Es divina, súper cálida. Le pido una foto y ella no tiene problema en posar. Alguien que no conozco la saca con mi teléfono. Taylor se va y yo agarro mi celular. Estoy lista para ver cómo quedó la foto. En ese momento me despierto.

JUANA GIAIMO

28 años

@juanagiaimo

El 12 de agosto del 2021 tuiteé: "Ayer soñé que venía Taylor Swift a hacer un mes entero de recitales íntimos. También soñé que la mataban después del primero. Qué maldad la de mi inconsciente". Taylor tocaba en Buenos Aires para unas pocas personas, capaz menos de 500. En la vida real, un mes entero de shows no serían suficientes, pero en mi sueño nadie se peleaba por entradas ni existían las filas virtuales. Es más, íbamos a sacar las entradas en persona a la boletería como en los viejos tiempos. Taylor paseaba por las calles de la ciudad tranquila, visitaba cafés y recorría los diferentes rincones sin que nadie la molestara. Lejos de la excitación que significa su visita en 2023 (con una amiga hablamos hace poco de que creemos que Taylor no va a salir de la habitación del hotel más de lo necesario), la visita de Taylor en mi sueño era bastante pacífica porque ella se movía por la ciudad como si no fuera famosa. Por eso, el día del show, la gente cantaba tranquila. Escuchábamos su voz de forma clara, acompañada solo por una guitarra acústica en un escenario simple, sin nada de escenografía. Y después, la tragedia. En el sueño no se explicaba, pero alguien la mataba.

Taylor estaba sobre el escenario. Todavía era la época del mundial. Se pone a cantar "You're On Your Own, Kid", que habla de un camino de superación hasta un cierto escenario de victoria. Tenía un vestido amarillo con volados. En el fondo, se empiezan a ver imágenes de la Selección Argentina de fútbol. Con cada foto de la Scaloneta, la gente se ponía cada vez más eufórica.

No aparezco en todo el sueño, solo lo miro desde afuera. Taylor llega a la Argentina. Como a muchas artistas, la llevan a visitar la tumba de Evita, en uno de esos típicos paseos culturales por Buenos Aires. Cuando va al cementerio, se saca una foto y ahí conoce a un hombre de unos 30 años. Él le cuenta la historia de Evita y la invita a salir. Hay un poco de onda. Ella se ríe; él le deja su teléfono a una asistente de Taylor. Salen a comer. Taylor trata de convencer a su equipo de que le permitan salir después de la cena y termina en una fiesta en una unidad básica en el Bajo Flores. En esa fiesta, alguien la reconoce y le pide que cante una canción para el público. Antes de que empiecen a llegar sus fans y todo se desborde, el pibe que la llevó la sube a un auto. Pasean por Buenos Aires escuchando la radio. Van por la costanera, ella saca los brazos, está un poco borracha. Van a un departamento y ella termina vomitando en el baño porque se mareó. El pibe que la invitó se queda dormido. Ella chatea con su equipo, le da un besito y se va. El chico la intenta rastrear, ella le manda unas invitaciones para que vaya a verla. Cuando se reencuentran, a ella ya no le causa tanta gracia él.

CLAUDIA SOTERO CANTERO

23 años

@eilansrose

Había una vez, en un mundo mágico y enigmático, una joven cantante llamada Taylor Swift. A diferencia de nuestro mundo, en este lugar, la música tenía el poder de crear y transformar la realidad. Taylor poseía un don especial: cada una de sus canciones cobraba vida y transportaba a las personas a mundos llenos de emociones y aventuras.

Un día, mientras paseaba por el bosque encantado, Taylor encontró un antiguo libro musical que había sido olvidado por siglos. Al abrir sus páginas, descubrió que contenía una canción oculta, la cual había sido escrita por un misterioso compositor que vivió hace mucho tiempo. Intrigada por el poder que esta melodía podría tener, decidió cantarla en voz alta.

Al hacerlo, el cielo se llenó de luces brillantes y destellos multicolores, y Taylor se vio envuelta en una brillante esfera de energía. Cuando todo volvió a la normalidad, se dio cuenta de que había viajado en el tiempo y había llegado a una época lejana, donde la magia y la música eran parte cotidiana de la vida.

Allí, conoció a un joven y apasionado músico llamado Harry, quien también tenía el don de la música mágica. Juntos, formaron un dúo increíble y comenzaron a explorar la tierra de ensueño, tocando sus canciones y llevando esperanza y alegría a todos los rincones del reino.

Sin embargo, no todo era paz en este mundo mágico. Una oscura y malévola hechicera, llamada Morgana, estaba celosa del talento de Taylor y Harry, y quería robar su poder para sí misma. Morgana tejía sus hechizos oscuros para atrapar a los jóvenes músicos y apoderarse de sus habilidades mágicas.

Pero Taylor y Harry no se dejarían vencer tan fácilmente. Con sus canciones llenas de amor, valentía y amistad, desafiaron a Morgana y sus maleficios. Cada vez que la hechicera intentaba atraparlos, ellos respondían con melodías llenas de esperanza y luz, debilitando sus oscuros conjuros.

La batalla final se desató en el gran festival musical del reino, donde Taylor y Harry tendrían que enfrentarse a Morgana una vez más. Con sus voces y melodías entrelazadas, desataron una poderosa sinfonía que disipó la oscuridad que rodeaba a la malvada hechicera.

Finalmente, Morgana se dio cuenta de la belleza y la fuerza de la música con un propósito noble y desinteresado. Con lágrimas en los ojos, abandonó su camino oscuro y se redimió al escuchar las canciones llenas de amor y esperanza de Taylor y Harry.

Con su poder combinado, Taylor y Harry devolvieron la magia y la armonía al reino, y la música mágica se extendió a lo largo y ancho de la tierra. Como agradecimiento por su valentía y generosidad, los habitantes del reino construyeron una estatua en honor a Taylor Swift y Harry Styles, una que recordaría su legado y su contribución a la felicidad de todos.

Con el tiempo, Taylor regresó a su mundo, pero la experiencia la cambió para siempre. Desde ese momento, siguió creando música que inspiraba a las personas y las llevaba a lugares mágicos en sus corazones. Su música trascendió fronteras y llegó a millones de personas en todo el mundo, convirtiéndose en una leyenda musical que perduraría para siempre.

Y así termina nuestra historia, con Taylor Swift como la heroína de su propia aventura mágica, donde su música no solo tocó los corazones de las personas, sino que también cambió el curso del tiempo y la realidad misma.

ROCÍO ESCALADA
25 años
@rocío.escalada29

s de día. Estoy en mi casa, mirando la tele con mi mamá, y todo es normal hasta que, de la nada, alguien golpea la puerta. Me acerco a la puerta, la abro y la encuentro a ella. No está sola. Llega con sus coristas, sus guitarristas y el baterista. Todos en el patio delantero de mi casa.

Taylor tiene puesto un vestido lleno de brillos y lleva una de sus guitarras más icónicas, la turquesa con peces koi. Me sonríe y se presenta, como si no la conociera. Me abraza y, así donde están, empiezan a tocar. Taylor los acompaña con la voz. Yo no sé qué hacer, así que lloro, estoy súper emocionada. Cuando terminan, Taylor me dice que tiene sed.

THE STAR.

Estábamos en una casa como si fuese en Nueva York. Tenía una escalera en forma de caracol que subía hasta la terraza. Cuando llego a la casa me recibe Andrea y me invita a pasar. En el sueño, sentía que no era la primera vez que nos veíamos porque hablábamos de cosas cotidianas. Camino hasta la escalera y subo a la terraza, donde había más personas. La primera que pasa enfrente mío es Taylor, con una cerveza en la mano. Me dice "qué raro ustedes dos hablando sin parar" y sigue.

Una amiga y yo estábamos en un supermercado. Todo era exactamente como un supermercado, excepto las luces, que eran violeta. Salíamos de ahí y había un colectivo de larga distancia. Yo me subo, pero mi amiga aparece directamente adentro, como teletransportada. Adentro está Taylor con Meredith en brazos. Todo se sentía normal, como un día cualquiera. En un momento frena el colectivo y abajo, en la calle, había una maratón al monumental. No eran deportistas, parecía una escena del fin del mundo: algunos corrían en pijama, otros con el mate en la mano, como si se hubiesen enterado a último momento de una urgencia por la que tuvieron que salir. Taylor seguía con nosotras y las tres empezábamos a correr sin entender bien por qué o a dónde íbamos. Llegamos al monumental y había una cinta gigante, como en el final de una maratón. Fue la primera en romperlo.

TAMARA FERNÁNDEZ

23 años

@littlequeenreader

Estaba con un grupo de seis chicas en un hotel. Era Estados Unidos, pero no sé en qué ciudad. Estábamos desayunando y vemos que en la televisión están dando uno de sus últimos videoclips. Todas nos sentíamos bastante inquietas. Se acerca alguien de negro y nos pide que por favor moderemos el *volume* de nuestras conversaciones y que nos quedemos donde estamos porque tiene algo para nosotras. Nos quedamos mirándonos entre nosotras. En otra mesa, aparece una mujer rubia que sonríe. No luce como Taylor, pero sabemos que es ella. Lo confirmamos cuando se acerca y se presenta como Taylor Swift. Nos invita a la casa. Corte a esa escena: ya estamos ahí. Primero pone música, prende un sahumerio. Después agarra la guitarra y toca "Long Live" y "Never Grow Up".

ASHUR
23 años
@ashunufuri

Este sueño ocurrió durante una siesta. Había una ola de gente corriendo por avenida Callao y Taylor quedaba atrapada en Callao y Arenales, que es justo la esquina de mi casa. Yo venía caminando en el sentido contrario. La veo entre la gente, intentando correr, y le digo que se meta en mi casa. Sube conmigo y nos abre mi abuela. Nos quedamos un rato en la cocina y me doy cuenta que puedo ayudarla a salir por la puerta trasera del edificio. Le digo que la puedo sacar en auto. Cuando se está subiendo, me despierto.

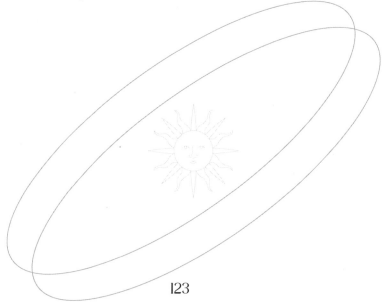

SOFÍA PIZZIRUSSI
26 años
@sofiapizzirussi

Ella estaba paseando de incógnito por Sudamérica. Yo estaba con una amiga, caminando por el centro de Córdoba y la encontramos. Andaba de gorra y lentes oscuros. Nos preguntó qué lugares de la ciudad eran los más interesantes, tenía mucha curiosidad y era muy respetuosa. Estaba muy contenta porque nadie le pedía fotos.

S oñé que estaba en la escuela y el pibe que me gustaba me invitaba a la cancha el finde a ver a Instituto. Terminamos yendo. De la nada, en el medio tiempo, se me sienta una rubia al lado a la que no le presté mucha atención para no incomodarla. Sigue el partido y la chica me pide permiso para pasar. Me habla en español. Le hago lugar y, al mirarla, me doy cuenta que estoy frente a Taylor Swift, viendo un partido de Instituto contra Racing.

Me quedé mirándola, un poco en shock. Empecé a darle golpecitos al pibe al que acompañé para que se diera cuenta de quién era. Él ni enterado. En eso, Taylor saca un micrófono y se pone a cantar "Love Story" (con el volumen al palo, en medio del partido). Pensé en el pibe y en mí. ¿Íbamos a ser novios?

Nada que ver. Cuando llega la parte de "Marry me" Instituto hace un gol y se corta la atmósfera. El pibe lo festeja, está en otra. Cuando termina de cantar, ella se queda hablando conmigo. No solo habla en español, sino que también tiene acento cordobés puro. Conversamos sobre fútbol y sobre Instituto.

noche tuve un sueño increíblemente emocionante en el que me vi compartiendo una clase virtual con Taylor Swift. Al despertar, me sorprendí por la vívida experiencia que acababa de vivir en mi mente.

En mi sueño, comencé el día como cualquier otro, levantándome para asistir a mi clase virtual en la facultad. Sin embargo, para mi asombro, cuando me uní a la sesión, me encontré con Taylor Swift como una de las compañeras de clase. Mi emoción era indescriptible, aunque también estaba nerviosa por tenerla a ella, una persona tan talentosa, como mi compañera.

La clase en sí abordaba temas relacionados con la sociología o la literatura, aunque no podía estar segura de cuál era el tema exacto. Lo que sí recuerdo es que se nos asignó un trabajo en grupo con otras tres personas, y para mi sorpresa, fui agrupada con Taylor en el mismo equipo. Por dentro, me sentía extasiada, pero traté de mantener la calma y comportarme con total cordialidad para no incomodarla. A medida que avanzaba la clase y se discutían los temas para el debate, no podía evitar sentirme entusiasmada por la idea de poder intercambiar opiniones y discutir temas interesantes con Taylor. Me sentía afortunada de tener esa oportunidad única en mi sueño.

Si bien no recuerdo los detalles exactos de la discusión, sé que disfruté cada momento de esa clase. A pesar de la emoción y los nervios, traté de mantenerme centrada en los temas y participar de manera activa, al igual que mis otros compañeros de grupo.

Al finalizar el sueño, me sentí agradecida por haber tenido esa experiencia, aunque solo fuera en mi imaginación. Aunque solo fue un sueño, me recordó la importancia de estar abiertos a las oportunidades y dispuestos a conectarnos con personas, incluso en situaciones inesperadas.

Desperté con una sonrisa en mi rostro, agradeciendo a mi subconsciente por esa experiencia onírica tan especial con Taylor Swift, y me quedé con la sensación de que los sueños a veces nos ofrecen momentos mágicos e inolvidables, incluso en mundos imaginarios.

DIEGO STOLL
20 años
@diegostoll

Estaba de viaje en una playa al norte de Brasil y había decidido despertarme a las cinco de la mañana para ver el amanecer. Esa noche, en la que se rumoreaba un importante anuncio de Taylor en los VMAs, me había ido a dormir temprano, anormal para esa época de mi vida en la que, recién salido de mi relación amorosa más larga, coexistiendo con un vacío enorme y un algo en la garganta, poder cerrar los ojos sin una lloradita previa era un milagro.

Me desperté a las tres de la mañana con "Happiness", de *Evermore*, retumbándome en la cabeza. No podía recordar bien qué había soñado, pero sabía que el sueño había estado musicalizado por esa canción. Prendí el celular y me enteré que *Midnights* iba a salir el 21 de octubre. No pude volver a dormirme.

AGUSTINA RENNA

24 años

@aggusrenna

Estaba esperándola en la puerta principal de su concierto para poder conocerla y sacarme una foto con ella. El lugar al que fui a verla era un teatro muy chiquito. Éramos alrededor de cien personas, nada más. En un momento, sale al escenario. Tenía el look de la Speak Now era, con el pelo rubio, ondulado y alborotado y un vestido con flores. Saco el teléfono, le grito "¡Taylor!" y se da vuelta y me saluda como si fuera la única persona en el teatro. Me quedé muda. Se empieza a acercar a mí. Me agarra el celular y nos toma una foto. Se va. Agarro el celular para ver la foto y no estaba. Me pongo muy triste, me voy a casa caminando y se me caen algunas lágrimas. Freno en el semáforo y se acerca un auto. Cuando baja la ventanilla, está ella otra vez. Me subo al auto y adentro me sirve café.

MELISSA
32 años
@MelBentos

Se estaba haciendo de noche y algo me decía que yo me tenía que ir muy rápido a la facultad. Empezaba a correr. Entro al edificio y todo parece normal: los estudiantes iban a sus clases como todos los días. Les preguntaba dónde quedaba el salón de actos (algo que yo ya sabía, pero por alguna razón en el sueño no lo podía encontrar después de dar varias vueltas por el lugar).

Sigo recorriendo y encuentro el salón de actos. Empiezo a escuchar la voz de Taylor. Me acerco, estaba ella, pero nadie se daba cuenta que era ella. Había muy pocas personas sentadas en el salón y yo me quedé atrás sin poder creer que todos hicieran de cuenta que no estaba pasando.

En un momento hace una pausa y cambia de vestuario. Una fan se pone a cantar para entretener al público en ese intervalo. Cantaba muy mal, pero cumplía su función. Cuando me giro a un costado, aparece Taylor al lado mío, agachada, entre los asientos, para que la gente no la viera. Se lleva el índice a la boca pidiéndome que haga silencio y yo me quedo paralizada sin saber qué hacer. Le pregunto si sabe hablar español, si conoce alguna palabra en mi idioma para comunicarnos y me dice: "sí, sí, escalera".

ADÁN
26 años
@xfernetsjaex

Usualmente la rubia aparece en mis sueños en forma de música. La primera vez que medio me enamoré de alguien cantaba "Love Story"; no estaba ella, sí su voz. Cuando me rompieron el corazón cantaba "Red".

Cuando mi hermana crecía de forma descomunal y ya no iba a ser más esa nena que siempre fue, sonaba "Never Grow Up".

"Físicamente" en mis sueños apareció en unos de mis peores momentos, donde el dormir era la salida más sana. La cocina fue de las actividades que más calma me transmitía, así que en el sueño estaba cocinando, su música sonaba de fondo pero solo la melodía. Estaba preparando la salsa que me enseñó a hacer mi abuela, detrás había una ventana que daba a un patio enorme. Alguien con un vestido blanco, dos trenzas rubias y una corona de lavandas ponía la mesa para tomar el té, había tres tazas, galletas en el centro y flores secas alrededor de la mesa. A lo lejos corría un pastor alemán que por momentos se

acostaba con el hocico abierto y la lengua afuera;
por otros, corría con un nene de un año encima.
Taylor estaba sentada en la mesa hablando con
otra mujer de pelo negro, se reían, cantaban y
tomaban el té.

A veces giraban sobre sí mismas para mostrarle
a la otra el vestido que llevaban. Taylor tenía un
vestido con puntillas, era el atardecer y al girar
parecía que la tela brillaba.

Creo que es el sueño que recuerdo con más detalle porque dormía con la música de ella, porque en momentos donde necesitaba calmar la
ansiedad ponía su música y esa noche, junto a su
música y apareciendo a tomar el té mientras yo
preparaba una salsa, me ayudó, me salvó y quién
sabe qué más. Lo que sí sé es que el té no queda
muy bien con la salsa.

SILVINA FIORE
28 años
@silfiore13

En la víspera de un nuevo cumpleaños de Taylor, el 12 de diciembre de 2015, soñé que tenía la suerte de encontrarla en un shopping de mi ciudad, Mar del Plata, y que podía pasar la tarde con ella. Estaba acompañada de un chico con el que estaba teniendo una cita y cuando se daba cuenta de que yo la había reconocido, los dos empezaban a correr, pero yo los alcanzaba. Entonces ella se cansaba de escaparse, se rendía. En un momento, se da vuelta, yo la saludaba y ella me deja abrazarla. A medida que avanzaba el sueño, yo paso de ser una fanática más a ser su amiga. Taylor era muy dulce, igual que siempre se muestra en público. Estaba contenta de pasar tiempo conmigo, nos reíamos y charlábamos un montón. El chico que la acompañaba era bastante tímido y casi no hablaba (quizá porque yo había invadido su cita), pero yo sentía que estaba viviendo algo parecido a cuando ella y Selena se conocieron en una cita doble con los hermanos Jonas y salieron tomadas de la mano, felices de haberse conocido.

IGNACIO OLMEDO TEGALDO

23 años

@nas_h

Era de noche, yo estaba super emocionado porque era justo la noche del concierto. Me había hecho una remera adaptada de "22" con sombrero a juego y lentes. Salí caminando de mi casa como si no tuviese que hacer fila y River solo quedaba a dos o tres cuadras.

Es todo medio borroso. Sé que el show era normal hasta el acto de *Red*, donde siento que alguien me toca el hombro. Automáticamente supe qué pasaba: me tocaba recibir el sombrero. Me acuerdo y todavía me río de lo vívido que lo sentí. Termina el show y alguien del staff me pide que lo siga. "Ya está", pensé. Al instante siguiente estaba en una habitación con ella. Lo único que recuerdo que me dijo es que amaba mi outfit.

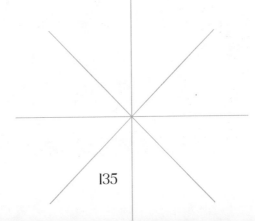

135

C reo que los sueños más locos que tuve con Taylor fueron los de carácter premonitorio. No tuve muchos pero son bastante fuertes para mí. El que voy a relatar puedo escribirlo porque tuve la lucidez suficiente en su momento como para grabarlo en un audio a mis amigas, porque probablemente no recordaría casi nada si no hubiera sido así.

Fue durante la madrugada del 15 de marzo del 2022, pocos días después de mi cumpleaños. El festejo había sido temático de Taylor. Decoré todas las habitaciones de la casa con spots para fotos de sus eras, usando a mi favor hasta los colores de las paredes que iban con algunos álbumes. Todos mis invitados, por supuesto, tenían como *dress code* vestirse a tono: cada persona había elegido una era de Taylor. Mandé a hacer una mesa dulce con cosas de todas las eras, y yo representaba mi álbum favorito, 1989. Había algunas vibras de The Eras Tour, que aún no había sido anunciado. Volviendo al sueño: el equipo de Taylor me contactaba porque querían pagarme por el diseño de la mariposa de *Lover* que yo había vectorizado de cero en base al mural original que se pintó en Nashville para el lanzamiento de su álbum en 2019. Yo lo había hecho para decorar la fiesta

temática de *Lover* de la Taylor Fest en Buenos Aires, y subí un Tiktok del *making of* que tuvo muchas reproducciones y comentarios. En mi sueño, ellos me contactaban a partir de eso. Decían que lo querían usar para el próximo tour (lo que no tenía sentido porque para qué contactar a una fan de Argentina cuando podía hacerlo la artista original, ¿no?), y que me querían pagar. Yo les contestaba que no quería que me pagaran, que quería conocer a Taylor. Acá viene lo loco: me mandaban un link a una página con un listado de países y fechas para que les diga qué fecha estaba disponible para asistir y conocer a Taylor. No recuerdo bien qué información aparecía en pantalla, lo único que pude retener después de despertarme fue que entre todos los países aparecía "Argentina, Estadio River Plate, 5 de junio de 2023". Tengamos en cuenta que esto fue en marzo del 2022: todavía no se hablaba de un tour. El concepto de The Eras no existía como lo conocemos ahora (y es por eso también que elijo creer un poco en la cercanía de fechas entre mi festejo de cumple y el sueño). En efecto, para esa fecha sí existía un tour en los planes de Taylor y sí iba a venir a unos pocos países de Latinoamérica, entre ellos Argentina.

MAFER CÓRDOVA
21 años
@mafercorus01

El comienzo del sueño se desenvuelve de manera rápida, por alguna razón me encuentro en la Ciudad de México, haciendo una fila. Solo sé que estoy con mis hermanas y que estamos todas muy ansiosas, esperando. De un momento a otro, la fila comienza a avanzar y entramos al estadio Foro Sol, por lo que me voy haciendo una idea sobre el lugar al que nos dirigimos.

De repente, me encuentro entre un montón de gente, pero en un segundo todos empiezan a abrir paso y ahí la veo, con la campera del Reputation Tour, entrando por la misma puerta que yo entré. Taylor se movía entre la gente y saludaba a todos los que tenía más cerca.

De repente caigo en la cuenta de que camina en dirección hacia mí. Empecé a sentirme súper nerviosa, lo único que se me ocurrió hacer fue sacar el teléfono para tomar una foto. Cuando lo saco de mi bolsillo, el celular (que en el sueño era un teléfono muy viejo) no funcionaba. No había manera de hacer funcionar la cámara. No quería sacar la foto. Pasaba al lado mío y solo me dijo "Sorry".

ANA LUISA DUARTE FIGUERO

33 años

@anlux_figue

M i primer concierto de Taylor Swift fue en la ciudad de Nueva York, a la que no conocía, por lo que tanto el viaje como el show me tenían demasiado nerviosa. Todas las noches previas soñé con ella, pero solo historias catastróficas. El sueño que quedó mejor grabado en mi mente fue el siguiente.

Estaba en el aeropuerto de Aguascalientes (mi ciudad) para hacer mi viaje. Mientras mi familia me despedía y me deseaba un buen viaje, yo veía cómo de mis manos desaparecían tanto mi pasaporte como mi ticket para el concierto. Desesperada, comenzaba a gritar. Cuando gritaba, las cosas volvían a aparecer en mis manos. Cuando dejaba de gritar, desaparecían. Que mi pasaporte y mi entrada permanecieran en mi poder, dependía de que yo pudiera gritar, por lo que pasaba varias horas, en el aeropuerto, gritando con toda mi fuerza. Para la gente que pasaba no era extraño. Comentaban: "Claro, va al concierto de Taylor Swift, a todas las novatas les pasa lo mismo". Cuando me di cuenta de que esto era aparentemente normal, dejé de gritar. Pero al llegar a Nueva York, ya casi no tenía voz. Me cruzaba con otras personas en la fila, algunos intentaban empezar conversaciones conmigo, pero yo no podía emitir ningún sonido.

FEDERICO PORTA
33 años
@federico_porta

El primer sueño que tuve con ella es de hace un montón. Estaba jugando al fútbol (algo que ni hago, por empezar) y habían ido a verme jugar Taylor y Selena Gómez. Estaban paradas al costado de la cancha mirando, como cualquier otra persona. En una jugada doy un mal pase y se me va la pelota al lateral. Taylor y Selena se empezaron a burlar de eso: "se te fue al lateral, se te fue al lateral", decían. Cuando me desperté, se lo conté a mi novia y desde ese entonces cada vez que uno hace o dice una pavada nos decimos "se te fue al lateral".

El segundo sueño, más reciente, era en el comedor de la facultad, a la hora del almuerzo. Estaba Taylor tocando, mientras la gente comía. A nadie parecía importarle que alguien estuviera dando un recital en el medio del comedor. La música estaba de fondo. Pero además, a nadie le importaba que estuviera Taylor Swift ahí. Cuando terminó de tocar me acerqué y le ofrecí mi postre de la vianda, que era una banana. Le decía que no se preocupe, que esa banana sí tenía cabeza (que es un chiste interno del fandom, por un video de Taylor después de una operación de la vista).

Una amiga y yo estábamos por entrar al estadio. Nos llevaron muy al frente del escenario y se sentía vacío, como si hubiera poca gente que pudiera estar ahí. El concierto había empezado y yo estaba muy entusiasmada, lloraba de la felicidad por tener la oportunidad de verla y escucharla tan de cerca. Cantó las canciones de *Lover* y rápidamente se terminó el espectáculo. Todos alrededor hablaban de cuán lindo había sido y de las canciones sorpresa que tocó esa noche. Pero yo no recordaba que nada de eso hubiera pasado: nunca escuché otras canciones que no fueran las de *Lover*. Era como si me hubiera olvidado todo o jamás hubiera estado parada frente al escenario.

Cuando volví a mi casa mi familia me preguntó qué tal me había ido y lo único que tenía para decirles era que no me acordaba de nada. Me largué a llorar porque no podía entender que fuera la única que no recordara nada. Llamé a una amiga para corroborar si a ella también le había pasado algo así. Me contestó que ella escuchó todo el concierto. Me puse ansiosa, me desesperé. Empecé a pensar que me había perdido una oportunidad muy importante. Pero de repente, en el mismo sueño, el concierto se repetía. Tenía una segunda oportunidad de retenerlo en mi memoria. Como si hubiera tenido que ver con el lugar que se me asignó en el estadio, ahora veía el show desde otro punto y esta vez podía escuchar y retener todo un set inolvidable.

SOL FERNÁNDEZ
24 años
@solcixfz

Era de noche y frente al castillo icónico de Disney estaba construido un gran escenario. La gente comenzaba a llegar y yo simplemente seguía a la multitud, un poco nerviosa. Entonces, bajaron las luces y se empezaron a escuchar los primeros acordes de "Sparks Fly". Apareció Taylor, con un vestido dorado. Empecé a cantar eufórica.

MILAGROS CCASANI
38 años
@milimil23223798

"Esa mayonesa se va a cortar, la estás batiendo mal". Un conductor con cara de hombre lobo fiscaliza lo que vendría a ser una especie de Masterchef de celebridades mundiales. El logo del programa tiene a Paris Hilton con un delantal y gorro de cocina, rodeada de strippers con espátulas, palos de amasar y cuchillos de cocina en pose de espadachines. El lugar es oscuro, atiborrado de aserrín y madera Y ella, Shakira, vuelve a decirlo, ahora gritando: "¡Se te va a cortar la mayonesa!". Taylor, vestida con un tutú y un gorro de aviador, se ríe. Detrás suyo, empieza a sonar una guitarra. Mira a cámara y, en perfecto castellano, se pone a cantar "Sabor a mí". Dice que es su nuevo tema, que lo escribió después de separarse de… ¡Moria Casán! Shakira asiente y todas siguen batiendo.

JOIA NÚÑEZ
33 años
@tres.rayitas

Una vez terminado el tercer recital en River un viento levanta los papelitos del piso, que se van incrustando en un vestido celeste que me compré para la ocasión (aunque el mío es violeta, en el sueño se ve celeste). Empiezo a caminar, ultra feliz, sin dirección, aunque mis pies saben a dónde me llevan. Cruzo calles y barrios, atravieso parajes con médanos y palmeras, aunque en mi inconsciente sigo en Buenos Aires. Mis amigas se fueron o me dejaron ir. Llego a la puerta de una casa vieja, divina, descuidada. En el porche hay un cartel que tiene escrito en rojo: "Taylor Swift- Aftershow". Golpeo la puerta y nadie me atiende. Toco el timbre y nada. Me mando adentro y el piso es como de gelatina, mientras hay un montón de instrumentos apoyados contra la pared. De espaldas, cenando, está Taylor. Me acerco despacio y ella justo se da vuelta y me dice: "Qué bueno que viniste: estaba soñando con vos".

El viernes 14 de julio mi profesora de historia me regaló a mí y a mi amiga una impresión de una imagen de diferentes álbumes de Taylor (a mí me regaló uno de Red), y yo creo que esa fue la razón por la cual esa noche soñé con ella.

En el sueño estábamos mi padrino y yo viendo su show, estaba cantando "Enchanted", que era la canción con la que cerró el show y por alguna razón fuimos a una especie de meet & greet en el que solo estaba yo, mi padrino y ella, no había más gente. Yo estaba súper emocionada de tenerla enfrente y poder compartir un momento con ella. Taylor fue súper cariñosa. Si bien no hubo mucha charla en el sueño, hubo una conexión en la cual ella sabía cómo yo me sentía y yo sabía cómo se sentía ella, las palabras sobraban.

Al día siguiente luego del colegio me puse a ver la serie The Summer I Turned Pretty, donde dentro de su banda sonora estaba Taylor con su canción "Invisible String" que habla sobre un lazo invisible que une personas. No lo podía creer: era como una seguidilla de cosas de la cantante que parecía hasta irreal y es hasta hoy en día que Taylor está súper presente en mi vida cotidiana sin yo a veces darme cuenta.

"Quiero decirte que más allá de la cantidad de entradas que vendas, hay algo que no te va a sacar nadie. Atravesaste a cada uno de tus fans. De verdad te lo digo, no hay nena que no tenga una copia de *Midnights*, sea la original, la trucha o la bajada. Marcaste la vida de todos y de todas."